노토 탐험대와 떠나는 야생의 대륙
# 남극

초판 1쇄 발행 2025년 8월 30일

**글쓴이** 헬렌 스케일스·케이트 헨드리 | **그린이** 호몰루 지폴리투 | **옮긴이** 이정모
**펴낸이** 박철준 | **편집** 신지원 문유진 | **디자인** 디자인서가
**펴낸곳** 찰리북 | **출판등록** 2008년 7월 23일(제313-2008-115호)
**주소** 서울시 마포구 동교로18길 33, 201(서교동, 그린홈)
**전화** 02)325-6743 | **팩스** 02)324-6743 | **전자우편** charliebook@gmail.com
**인스타그램** instagram.com/charliebook_insta | **블로그** blog.naver.com/charliebook

ISBN 979-11-6452-109-8 77400

※ 잘못 만든 책은 구입하신 곳에서 바꾸어 드립니다.
※ KC마크는 이 제품이 공통안전기준에 적합하였음을 의미합니다.

Originally published in the English language in 2024 as "Scientists in the Wild: Antarctica" © Flying Eye Books Ltd,
27 Westgate Street E83RL, London.
Text © Helen Scales and Kate Hendry 2024
Illustrations © Rômolo D'Hipólito 2024
Korean Translation Copyright © Charlie Book 2025
All rights reserved. This Korean edition was published by an arrangement with Flying Eye Books through JMCA

이 책의 한국어판 저작권은 JMCA를 통해 저작권사와의 독점 계약으로 찰리북이 소유합니다.
신 저작권법에 의하여 한국 내에서 보호를 받는 저작물이므로 무단 전재와 복제를 금합니다.

노토 탐험대와 떠나는 야생의 대륙

# 남극

헬렌 스케일스·케이트 헨드리 글 | 호몰루 지폴리투 그림 | 이정모 옮김

찰리북

## 차례

- 08 남극에 오신 것을 환영합니다
- 10 남극 탐험대를 소개합니다
- 12 노토호에 오신 것을 환영합니다
- 14 남극 탐험 장비를 소개합니다
- 16 남극에 살고 있는 생물들을 소개합니다
- 18 기후에 영향을 주는 작은 생물들
- 20 얼음 밑으로 잠수하는 밍크고래
- 22 펭귄을 연구해요
- 24 남극 연구 기지
- 26 얼음 아래 감춰진 세계
- 28 바다거미는 스트레스를 얼마나 받을까요?
- 30 남극에서 살아남는 방법
- 32 남극 물고기가 얼지 않는 비결
- 34 잃어버린 고대 세계
- 36 얼음 아래의 이상한 소리
- 38 지구의 기후를 지키는 남극
- 40 지구의 마지막 날까지 얼마나 남았을까요?
- 42 남극에 첫발을 디딘 여성 과학자들

- 44 세계에서 가장 작은 범고래
- 46 우주 날씨
- 48 가장 오래된 얼음을 찾아서
- 50 깊은 바닷속의 거대한 생명체
- 52 물범을 관찰해요
- 54 동물 과학자 물범
- 56 빛이 닿는 바닷속의 가장 깊은 층
- 58 황제펭귄을 관찰해요
- 60 남극빙어의 왕국
- 62 유리로 만들어진 동물
- 64 아델리펭귄을 연구해요
- 66 남극의 침입자들
- 68 대왕고래가 돌아왔어요
- 70 버드섬의 생물을 관찰해요
- 72 탐험을 마치고
- 74 남극의 미래는 어떻게 될까요?
- 76 낱말 풀이

# 남극에 오신 것을 환영합니다

전 세계 어디에서든 남쪽을 향해 가면 언젠가는 얼음으로 덮인 거대한 대륙을 만나게 됩니다.
지구상에서 가장 춥고 바람이 많이 불며 건조한 땅이지요. 바로 남극 대륙입니다.

## 남극 대륙 정보

- 지구의 남쪽 끝에 위치한 땅으로, 대부분 평균 두께 2킬로미터, 넓이 1,400만 제곱킬로미터의 거대한 얼음인 빙상으로 덮여 있습니다. 이 빙상에는 전 세계 담수의 70퍼센트가량이 저장되어 있습니다. 오늘날 남극 대륙과 북극 근처에 있는 그린란드에서만 이 빙상을 볼 수 있습니다.

- 남극 대륙을 뒤덮은 빙상은 바다로 흘러 들어가 넓고 평평한 빙붕을 형성합니다. 수백 개의 거대한 얼음덩어리도 바다로 흘러 들어가는데, 이를 빙하라고 합니다.

- 남극 지역은 남극 대륙과 주변의 빙붕, 빙하, 바다 그리고 인근의 19개 섬과 군도로 이루어져 있습니다.

- 육지와 바다의 극한 환경에도 불구하고 남극 지역에는 다양한 종류의 야생 생물이 살아가고 있습니다.

남극 대륙은 약 3,500만 년 전에 얼기 시작했습니다. 이때 남아메리카 대륙에서 멀어지면서 차가운 해류가 남극 주위를 돌기 시작했고, 지구의 따뜻한 지역과는 홀로 떨어진 대륙이 되었습니다.

## 남쪽 대륙을 향한 탐험

남극 대륙에 정착해 살아온 사람들은 없습니다. 800년 전 응아이 타후라는 마오리족이 뉴질랜드에서 남쪽으로 수백 킬로미터 떨어진 섬으로 항해했지만, 남극 대륙에 가까이 갔다는 증거는 거의 없습니다.

수 세기 동안 유럽인들은 지구의 남쪽 끝에 거대한 대륙이 있다고 믿어 왔습니다. 그들은 그 대륙을 '알려지지 않은 남쪽 땅'이라는 뜻의 '테라 아우스트랄리스 인코그니타'라고 불렀습니다.

남극 대륙을 찾는 데는 오랜 시간이 걸렸습니다. 1820년 1월 27일 러시아의 탐험가들이 남극 빙상을 발견했습니다. 3일 후 영국 탐험가들이 남극반도의 끝을 보았습니다.

그 후 전 세계에서 많은 사람이 물범과 고래의 가죽과 기름을 얻기 위해 남극을 찾았습니다.

오늘날 어느 나라도 남극 대륙의 소유권을 주장할 수 없습니다. 남극조약은 전 세계 50개가 넘는 나라가 남극의 환경을 보호하고 평화롭게 사용하기로 약속한 조약입니다. 오늘날 남극은 모두가 자유롭게 과학 연구를 할 수 있는 땅입니다.

# 남극 탐험대를 소개합니다

일곱 명의 과학자가 남극 주변의 환경과 야생 생물의 변화를 연구하기 위해 팀을 꾸려 노토호에 올랐습니다. 모두 남극조약에 가입한 나라에서 왔지요. 이들은 모두 특별한 기술과 전문 지식을 가지고 있습니다.

아리는 빙하와 해빙을 비롯해 여러 얼음을 연구합니다. 바다가 따뜻해지면 얼음이 어떻게 변화하는지, 이런 얼음이 바다에 어떤 영향을 미치는지 연구하고자 합니다.

미셸은 해양 생물학자입니다. 바다에 사는 모든 종류의 생물을 연구하며, 특히 바다 밑바닥인 해저 생태계에 관심이 많습니다. 심해 잠수정을 조종하는 것도 미셸의 임무입니다.

하비에르는 조류학자입니다. 펭귄이나 앨버트로스처럼 바다에서 오랜 시간을 보내는 새를 전문적으로 연구하지요. 또한 생태계에서 다양한 종들이 어떻게 함께 살아가는지 연구하는 생태학자이기도 합니다.

지혜는 해양 화학자입니다. 바닷물에서 찾을 수 있는 해조류의 먹이가 되는 영양분을 전문적으로 연구합니다. 해수의 온도와 염도, 해류의 세기도 연구할 예정입니다.

오스카는 물범과 고래 같은 포유류를 전문적으로 연구하는 해양 생물학자입니다. 갈라파고스를 비롯한 전 세계 여러 곳에서 물범과 고래를 연구했지만 극지 탐험은 처음입니다. 이번 탐험에서는 남극의 해빙 아래에서 다양한 해양 포유류가 어떤 활동을 하는지 조사할 예정입니다.

요요는 탐험대의 기술자이자 데이터 과학자입니다. 요요의 임무는 모든 기술 장비를 관리하고 모든 과학 데이터를 적절하게 정리해 안전하게 보관하는 것입니다.

물리학자인 라라는 특히 대기가 지구 생명체에 미치는 영향에 관심이 많습니다. 라라는 일기 예보에 도움을 주기 위해 남극 전역의 대기를 측정하는 일을 전문적으로 합니다. 장기적인 기후 변화를 연구하기 위해 노토호에 탑승했습니다.

# 노토호에 오신 것을 환영합니다

탐험대와 함께 남극 대륙과 섬 곳곳을 탐험할 연구선 노토호입니다. 노토호는 길이가 100미터가량 되는 커다란 내빙선으로, 수면의 얼음이나 빙산에 부딪쳐도 끄떡없는 단단한 배입니다.

나는 나이리 파에웨이 선장입니다. 노토호에 오신 것을 환영합니다.

1. 건식 실험실
2. 습식 실험실
3. 갑판
4. 주방/식당
5. 함교
6. 구명보트
7. 선실
8. 기관실
9. 심해 잠수정
10. 자율 무인 잠수정
11. 수중 글라이더
12. 쇄빙 선수부
 (얼음을 깨부수는 배의 앞부분)

# 남극 탐험 장비를 소개합니다

지구에서 가장 춥고 바람이 많이 부는 남극에서는 따뜻하고 마른 상태를 유지하는 것이 중요합니다!
남극에서 일하는 과학자들은 하는 일의 종류에 따라 다양한 옷과 장비를 준비해야 합니다.

남극은 태양의 자외선이 매우 강하기 때문에 바깥에 나갈 때는 누구나 선글라스와 자외선 차단제를 챙겨야 합니다.

- 귀덮개가 있는 안전모 (머리로 많은 열이 손실되기 때문에 꼭 써야 합니다.)
- 선글라스
- 방수 보온복
- 구명조끼
- 극지용 갑판 부츠

- 수중 카메라
- 얼음 아래 차가운 물에서도 사용할 수 있는 호흡기와 예비 호흡기 (쉽게 얼지 않도록 설계된 것)
- 후드
- 공기통
- 부력 재킷
- 무게 벨트
- 잠수 컴퓨터
- 장갑
- 방수 랜턴
- 방수 슬레이트와 연필
- 방수 잠수복
- 보온을 위한 내의 (아래위가 붙은 기모 내복 같은 것)

남극 주변의 해수면 온도는 영하 1.8도까지 내려갑니다.

## 갑판 위

노토호 대원들은 따뜻하게 몸을 감싼 채 갑판 위에서 작업합니다.

## 아이스 다이빙

스쿠버 다이버들은 남극 주변 수심 30미터의 바다를 연구하기 위해 차가운 얼음물에서도 사용할 수 있도록 특별히 제작한 스쿠버 장비를 착용합니다.

## 얼음 위

얼음이 충분히 두껍게 얼었다면 해빙 위로 걸어 나가 펭귄이나 물범 같은 바다에서 살아가는 야생 동물을 연구할 수 있습니다. 또한 얼음에 구멍을 뚫고 과학 장비를 내려보내 그 아래 물의 깊이를 측정할 수도 있습니다.

하지만 각별히 조심해야 합니다! 얼음 아래 차가운 물속에 빠지면 체온이 급격히 떨어지는 저체온증이 나타날 수 있으니까요. 노토 탐험대는 방수 기능이 있는 매우 따뜻한 보온복을 입습니다. 얼음 위를 걸을 때는 튼튼한 줄로 서로의 몸을 묶고 얼음도끼를 들고 갑니다. 그러면 누군가가 물에 빠져도 건져 낼 수 있지요.

## 얼음 아래 깊은 곳

노토호는 더 깊은 바닷속을 탐사하기 위해 다양한 장비를 갖추고 있습니다. 사람이 직접 내려가기도 하고 장비를 이용해 탐사하기도 합니다.

### 심해 잠수정 키와호
깊이: 6,000미터까지

### 자율 무인 잠수정(AUV) 미룽가호
깊이: 6,000미터까지

이 잠수 로봇은 며칠 또는 몇 주 동안 물속에서 스스로 방향을 조정해 이동할 수 있습니다. 잠수정에 달린 센서와 카메라로 정보를 수집합니다.

### 수중 글라이더
깊이: 1,000미터까지

# 남극에 살고 있는 생물들을 소개합니다

남극 대륙과 인근 섬, 남극해 주변에는 다양한 종류의 야생 생물이 살고 있습니다. 항상 남극에서 살아가는 동물도 있고, 매년 찾아오는 방문객도 있습니다. 미셸과 하비에르는 노토 탐험대가 만나게 될 생물종에 대해 설명합니다.

**남극의 생태계는 다양한 방식으로 얼음과 연결되어 있습니다.**

남극의 많은 생물종이 기후 변화로 인해 위험에 빠졌습니다. 남극의 얼음이 녹으면서 남극의 환경도 빠르게 변하고 있기 때문입니다.

물범은 해빙 위에서 쉬고 새끼를 키웁니다.

물범, 펭귄, 앨버트로스, 오징어, 고래 등 많은 동물이 크릴을 먹습니다.

크릴이라고 하는 작은 새우 같은 동물은 해빙 아래에서 자라는 녹조류를 뜯어 먹으며 겨울을 보냅니다.

남극에 사는 유일한 곤충은 남극깔따구입니다. 대왕고래보다 5,000배나 작지만, 남극의 육지에서만 사는 생물 중 가장 큰 것입니다!

황제펭귄은 해빙 위에서 새끼를 키웁니다.

펭귄은 얼음덩어리 위로 올라가 쉬고 털갈이를 합니다.

## 멸종 위기 등급

과학자들은 살아 있는 개체 수, 개체 수 감소 속도, 서식지의 상태 등을 바탕으로 종의 멸종 위험 정도를 판단합니다.

**LC 최소 관심**
당분간 멸종할 것 같지 않음.

**NT 준위협**
장래에 멸종 위험이 높아질 수 있음.

**VU 취약**
멸종 위험 높음.

**EN 위기**
멸종 위험 매우 높음.

**CR 위급**
멸종 위험이 매우 심각하게 높음.

**EW 야생 멸종**
자연 상태에서는 존재하지 않고 동물원이나 보호 시설에서만 살아 있음.

**EX 멸종**
살아 있는 개체 없음.

**? 미평가**

지구에 사는 동물 중 가장 큰 동물인 대왕고래도 크릴을 먹기 위해 남극에 옵니다.

# 기후에 영향을 주는 작은 생물들

노토 탐험대는 남극반도 서쪽에서 탐험을 시작합니다. 남극반도는 남아메리카를 향해 뻗어 있는 길쭉한 땅입니다. 노토 탐험대의 첫 번째 목적지는 자일스만으로, 이곳에서 물속의 미세한 조류와 그것을 먹는 작은 생물을 연구합니다. 과학자들은 이 작은 생물이 대기 중의 탄소를 흡수하는 데 얼마나 큰 역할을 하는지 밝혀내려고 합니다.

### 남극크릴

유파우시아 수페르바

크기: 6센티미터

수명: 6년

LC 최소 관심

### 자일스만

자일스만의 이름은 영국의 과학자 캐서린 자일스 박사의 이름을 따서 지어졌습니다.

### 크릴 채집하기

지혜와 미셸은 플랑크톤 채집망이라고 불리는 아주 촘촘한 그물을 사용해 크릴과 조류를 채집합니다. 그러고는 이 작은 생물들을 몇 시간 동안 세면서 연구를 진행합니다. 크릴은 작은 갑각류의 일종입니다. 남극 주변 바다에서 거대한 무리를 지어 살지요. 바닷물 한 양동이를 떠내면 그 안에 수백 마리의 크릴이 들어 있습니다.

## 바닷속에 가라앉은 것들

입자 포집기는 죽은 조류나 크릴 똥 같은 물속으로 가라앉는 입자를 모읍니다. 지혜는 1년 넘게 바닷속에 잠겨 있던 입자 포집기를 끌어 올립니다. 그 안에는 크릴 똥이 잔뜩 들어 있습니다. 지혜는 이 똥이 아주 중요한 역할을 한다는 사실을 알아냅니다.

돌아가서도 연구할 수 있도록 샘플을 배에 보관합니다.

조류는 대기 중의 이산화탄소를 흡수하고, 이 탄소는 조류를 먹는 크릴에게 전달됩니다. 지혜는 크릴의 똥에 많은 양의 탄소가 들어 있다는 사실을 알아냅니다. 크릴 똥이 바다 밑으로 가라앉으면서 탄소도 함께 가지고 간 것입니다.

## 기후를 지키는 숨은 영웅

크릴은 기후 변화를 막는 데 큰 역할을 합니다. 크릴 똥은 엄청난 양의 이산화탄소를 품은 채 깊은 바닷속으로 가라앉아 수천 년 동안 머무릅니다. 이산화탄소는 태양열을 대기에 가두어 지구의 온도를 높이는 주범입니다. 남극반도 주변 해저에 묻혀 있는 탄소 중 약 4분의 3이 크릴 똥에 들어 있습니다.

# 얼음 밑으로 잠수하는 밍크고래

노토호가 빌헬미나만으로 항해하던 중 적어도 30마리나 되는 밍크고래 떼를 발견합니다. 오스카는 밍크고래가 크릴을 어떻게 사냥하는지 자세히 알아보기 위해 밍크고래 한 마리에 추적 장치를 달려고 서둘러 준비합니다. 하지만 밍크고래는 워낙 빨라서 쉽지 않아요!

오스카와 미셸은 고무보트를 조심스럽게 조종하며 고래 떼에 다가갑니다. 다행히도 고래들은 서로 어울리느라 바빠 그들에게 관심을 두지 않습니다. 고래 한 마리가 얼음 밑으로 잠수하기 직전에 미셸은 긴 막대기로 고래의 등에 추적 장치를 붙입니다. 몇 분 후, 고래는 추적 장치를 그대로 단 채 다시 물 위로 올라옵니다!

**남극밍크고래**
발라엔옵테라 보나에렌시스
크기: 8~9미터
수명: 50년 이상
NT 준위협

추적 장치는 수심, 속도, 위치를 측정해 고래가 얼마나 입을 자주 벌려 크릴을 한입에 꿀꺽 삼키는지 알려 줍니다. 이러한 고래의 움직임을 런지라고 합니다. 오스카는 밍크고래가 다른 고래와는 완전히 다른 세 가지 방식으로 잠수한다는 사실을 발견합니다.

### 빌헬미나만
빌헬미나만의 이름은 네덜란드의 빌헬미나 여왕의 이름을 따서 지어졌습니다.

### 밍크고래의 잠수 방법
**잠수 유형 1**: 수면 근처에서 헤엄칩니다. 한 번 잠수할 때마다 1~2번의 런지를 합니다.

**잠수 유형 3**: 해빙 밑으로 헤엄쳐 내려갑니다. 잠수 한 번에 24번, 또는 3초마다 한 번씩 런지를 합니다! (대왕고래는 잠수 한 번에 4번, 혹등고래는 12번의 런지를 합니다.)

**잠수 유형 2**: 100미터 아래까지 빠른 속도로 내려갑니다. 한 번에 15번의 런지를 합니다.

작고 민첩한 밍크고래는 남극 주변에서 가장 흔하게 볼 수 있는 종입니다.

# 펭귄을 연구해요

남극반도 서쪽은 세계 다른 곳보다 기온이 5배나 빠르게 상승하고 있으며 해빙도 점점 줄어들고 있습니다. 이러한 기온 상승은 여러 면에서 펭귄에게 영향을 미치고 있습니다. 하지만 젠투펭귄 같은 일부 펭귄은 잘 적응하고 있습니다. 노토 탐험대는 네코항에 도착해 이곳에서 젠투펭귄이 잘 지내는 이유를 알아보려고 합니다.

약 1,000쌍의 젠투펭귄이 네코항 해안의 바위 둥지에서 새끼를 돌보고 있습니다.

**젠투펭귄**
피고셀리스 파푸아
크기: 90센티미터
수명: 15~20년
LC 최소 관심

## 펭귄의 생존법

과학자들은 젠투펭귄이 먹이를 까다롭게 따지지 않기 때문에 남극 전역에서 번성한다고 생각합니다. 또한 젠투펭귄은 얼음을 별로 좋아하지 않고 넓은 바다에서 물고기 잡는 것을 좋아합니다. 해빙이 줄어들면서 젠투펭귄은 반도를 따라 더 남쪽으로 이동하고 있습니다.

## 펭귄 관찰하기

아리는 드론을 띄워 전체 젠투펭귄 무리의 사진을 찍습니다. 나중에 사진을 보고 몇 마리의 펭귄이 있는지 세어 볼 것입니다.

요요는 펭귄 무리를 관찰하기 위해 타임랩스 카메라를 설치해 두었습니다. 이 카메라는 펭귄들이 알을 낳으러 온 이후, 새벽부터 해 질 때까지 매시간마다 한 장씩 사진을 찍고 있습니다. 이 사진들은 펭귄들이 어떻게 먹이를 먹는지, 새끼들이 얼마나 빨리 자라는지 알아보는 데 도움이 됩니다.

하비에르가 펭귄 똥을 채취합니다. 이 똥은 매우 쓸모 있는 자료입니다. 과학자들은 똥을 보고 펭귄이 무엇을 먹는지, 어떤 상태인지, 스트레스를 받는지, 질병을 앓고 있는지 등을 알 수 있습니다.

### 턱끈펭귄

피고셀리스 안타르티쿠스

크기: 76센티미터
수명: 20년

**LC** 최소 관심

### 네코항

네코항의 이름은 스코틀랜드의 고래잡이배의 이름을 따서 지어졌습니다.

# 남극 연구 기지

남극과 그 주변에서 연구하는 과학자들은 육지에 있는 남극 연구 기지에서 생활합니다. 여름에만 운영하는 연구 기지도 있지만, 몇몇 기지는 길고 어두운 남극의 겨울에도 문을 열고 1년 내내 운영합니다. 노토 탐험대는 애들레이드섬에 있는 연구 기지 중 한 곳에 들러 그곳에서 생활하며 연구하는 과학자들을 돕습니다.

## 구름 관찰하기

요요와 라라는 기상 관측 기구를 띄워 구름을 연구합니다. 이 기구에는 센서가 달려 있어서 하늘 높이 떠올라 자료를 수집합니다.

남극 대륙의 구름은 지구 어느 곳의 구름과도 다릅니다. 남극의 공기가 매우 깨끗하기 때문이지요. 구름은 태양 에너지를 우주로 반사하여 기후 변화에 중요한 역할을 합니다. 그렇기 때문에 구름이 어떻게 만들어지고 움직이는지 아는 것이 중요합니다.

## 바다 샘플 채집하기

지혜는 만에서 물의 온도와 염도를 측정하고, 다양한 화학 성분을 분석하기 위해 물 샘플을 채집합니다. 이 연구는 인근의 빙하가 녹으면서 바닷물과 조류 같은 해양 생물의 환경에 어떤 영향을 미치는지 파악하는 데 도움을 줄 것입니다.

## 꾸준한 연구

과학자들이 연구 기지에서 연구하는 좋은 점 가운데 하나는 매년 같은 장소에서 자료를 수집할 수 있다는 것입니다. 오랜 기간에 걸쳐 수집된 자료는 바다와 기후가 어떻게 변화하고 있는지 추적하는 데 큰 도움이 됩니다.

남극 대륙에는 우리나라를 포함한 30여 개 국가에서 운영하는 80여 개의 연구 기지가 있습니다.

### 애들레이드섬

애들레이드섬은 길이 139킬로미터, 폭 37킬로미터의 얼음으로 덮인 섬입니다. 가장 높은 지점은 해발 2.3킬로미터입니다.

# 얼음 아래 감춰진 세계

스쿠버 다이버들은 바다 위 두꺼운 얼음을 뚫어 구멍을 내고 그 구멍을 통해 물속으로 뛰어듭니다. 얼음 문을 지나 비밀의 세계로 들어서는 것입니다.

바닷속에는 신기한 동물들이 헤엄치거나 물결에 떠다니고, 다채로운 생명체들이 활기차게 해저를 기어다닙니다.

# 바다거미는 스트레스를 얼마나 받을까요?

스쿠버 다이버들은 해저에서 자이언트바다거미 여러 마리를 채집해 노토호의 연구실로 가져왔습니다. 기후 변화로 바다가 계속 따뜻해지면서 바다거미들이 어떤 영향을 받는지 연구하기 위해서입니다.

## 바다거미 실험

미셸은 각각의 바다거미를 특정 온도의 바닷물이 담긴 수조에 넣습니다. 그런 다음 바다거미의 등이 아래로 오도록 뒤집어 놓습니다.

바다거미가 야생에서 활동하는 온도인 영하 1.8도로 유지합니다.

다른 거미는 더 따뜻한 4도의 물에 넣습니다.

또 다른 거미는 9도로 더 따뜻한 물에 넣습니다.

그런 다음 미셸은 바다거미가 몸을 다시 바로 뒤집는 데 걸리는 시간을 측정합니다. 거미가 스트레스를 받을수록 뒤집는 데 더 오랜 시간이 걸립니다.

미셸은 따뜻한 물에 있는 바다거미가 차가운 물에 있는 바다거미보다 몸을 뒤집는 데 10배에서 20배 더 오래 걸린다는 사실을 관찰했습니다.

미셸이 예상했던 대로 물이 따뜻할수록 바다거미는 스트레스를 더 많이 받습니다.

## 큰 몸집의 문제점

미셸은 몸집이 큰 바다거미가 작은 바다거미보다 따뜻한 물에서 스트레스를 더 많이 받을 것이라고 예상했습니다. 바다거미는 아가미가 아닌 피부의 바깥층인 큐티클로 숨을 쉬는데, 몸집이 큰 바다거미는 커다란 몸에 비해 큐티클의 면적이 작습니다. 따라서 몸집이 큰 바다거미는 차가운 물보다 산소가 적은 따뜻한 물에서 작은 바다거미보다 숨쉬기가 더 어려울 수 있습니다. 하지만 미셸의 예상과는 달리, 몸집이 큰 바다거미들이 항상 몸을 뒤집는 데 시간이 더 오래 걸리지는 않았습니다.

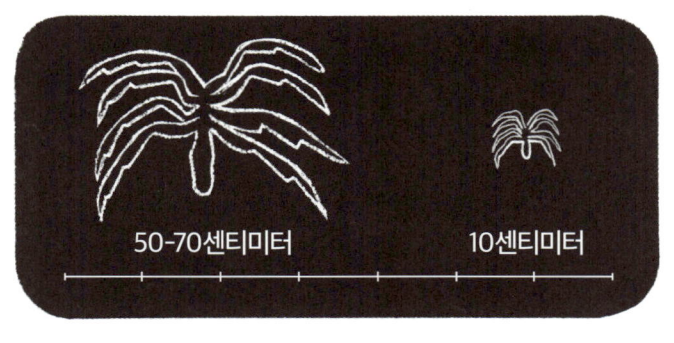
50-70센티미터    10센티미터

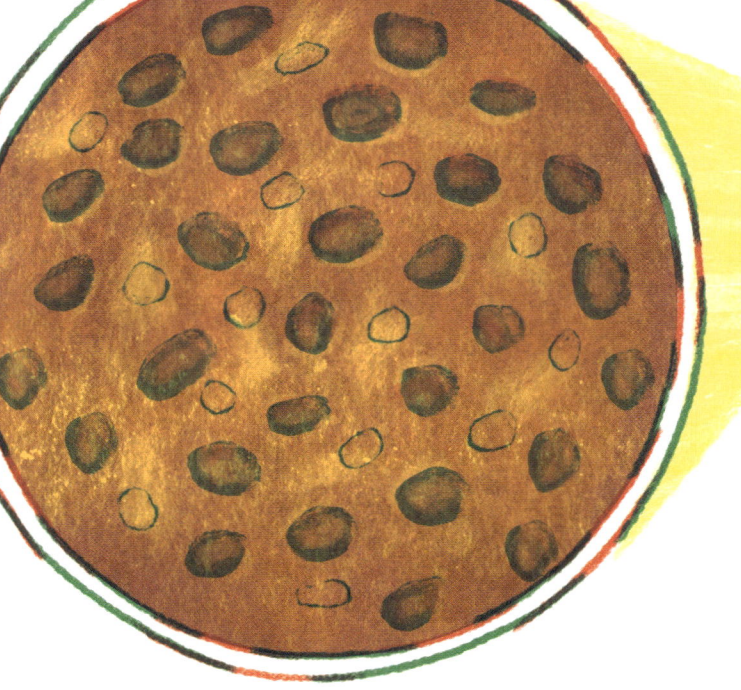

미셸이 현미경으로 관찰해 보니, 몸집이 큰 바다거미들은 큐티클에 작은 구멍이 많아서 산소를 더 많이 흡수한다는 것을 알 수 있었습니다. 어떤 동물이 기후 변화로 가장 큰 영향을 받을지는 단순히 예측할 수 없습니다. 미셸의 연구에서 알 수 있듯이 몸집이 큰 바다거미가 반드시 큰 피해를 입는 것은 아니니까요.
실험이 끝난 후 미셸은 바다거미들을 바다로 돌려보냈습니다.

*바다거미는 거미류에 속하지 않습니다. 하지만 우리가 알고 있는 거미와 전갈, 진드기, 응애와 가까운 친척입니다.*

### 자이언트바다거미
콜로센데이스 콜로세아
크기: 70센티미터 이상
수명: 알 수 없음.
? 미평가

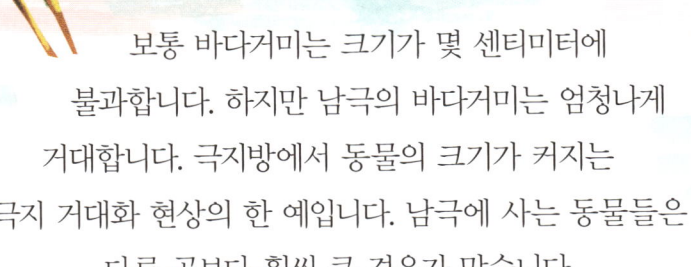

보통 바다거미는 크기가 몇 센티미터에 불과합니다. 하지만 남극의 바다거미는 엄청나게 거대합니다. 극지방에서 동물의 크기가 커지는 극지 거대화 현상의 한 예입니다. 남극에 사는 동물들은 다른 곳보다 훨씬 큰 경우가 많습니다.

# 남극에서 살아남는 방법

남극의 극한 환경에서 살아남기 위해 동물들은 저마다 특별한 적응 능력을 키워 왔습니다. 깃털이나 지방층으로 추위를 이기거나, 따뜻한 곳을 찾아 먼 거리를 이동하기도 하고, 겨울잠에 들기도 합니다. 이렇게 남극 대륙에 적응해 살아가는 방법은 매우 다양합니다.

## 물에 젖지 않는 깃털

펭귄이 남극에서 살아갈 수 있는 열쇠는 바로 깃털입니다. 황제펭귄은 여러 종류의 깃털을 가지고 있어서 바다 깊은 곳에서 잠수할 때나 기온이 영하 40도까지 떨어질 때도 체온을 유지할 수 있습니다.

윤곽깃털은 바깥쪽에 두꺼운 층을 만들어 물에 젖지 않게 해 주고 바람을 막아 줍니다. 황제펭귄의 배에는 윤곽깃털이 많아서 거친 눈 위를 썰매 타듯이 미끄러져 이동할 때에도 몸을 보호해 줍니다.

총 윤곽깃털 수 = 3만 개

황제펭귄은 매년 낡은 깃털을 털어 내고 새 깃털을 자라게 해 항상 좋은 상태를 유지합니다.

속깃털은 윤곽깃털에 붙어 있는 포근한 깃털입니다.

솜털은 피부에 바로 붙어 있는 부드러운 깃털입니다. 솜털들이 모여 공기를 가두는 단열층을 만듭니다.

총 속깃털 수 + 솜털 수 = 15만 개

## 지방층의 장점

차가운 바다에 사는 많은 동물은 피부 아래에 두꺼운 지방층이 있어 몸을 따뜻하게 유지하는 데 도움을 줍니다. 웨들해물범과 게잡이물범의 지방층 두께는 약 5센티미터입니다. 지방층은 중요한 영양분의 저장소 역할도 합니다. 먹이가 부족할 때 물범은 지방층에 저장된 영양분을 사용해 생존할 수 있습니다.

## 따뜻한 곳을 찾아서

몇몇 동물은 가장 혹독한 시기를 피해 북쪽으로 이동합니다. 북극제비갈매기는 그중에서도 가장 먼 거리를 옮겨 다닙니다. 매년 북극에서 남극까지 왕복 3만 5,000킬로미터를 비행하지요. 북극제비갈매기는 북극과 남극의 여름을 번갈아 가며 보내기 때문에, 지구상에서 가장 많은 햇빛을 보는 동물입니다.

## 잠꾸러기 물고기

남극에 사는 몇몇 물고기는 겨울잠에 듭니다. 깊이 잠들지는 않지만 움직임을 크게 줄여 성장 속도를 늦춥니다. 해가 뜨지 않는 남극의 겨울에는 먹이를 찾기 어렵기 때문에 가만히 있으면서 힘을 아끼는 것이지요.

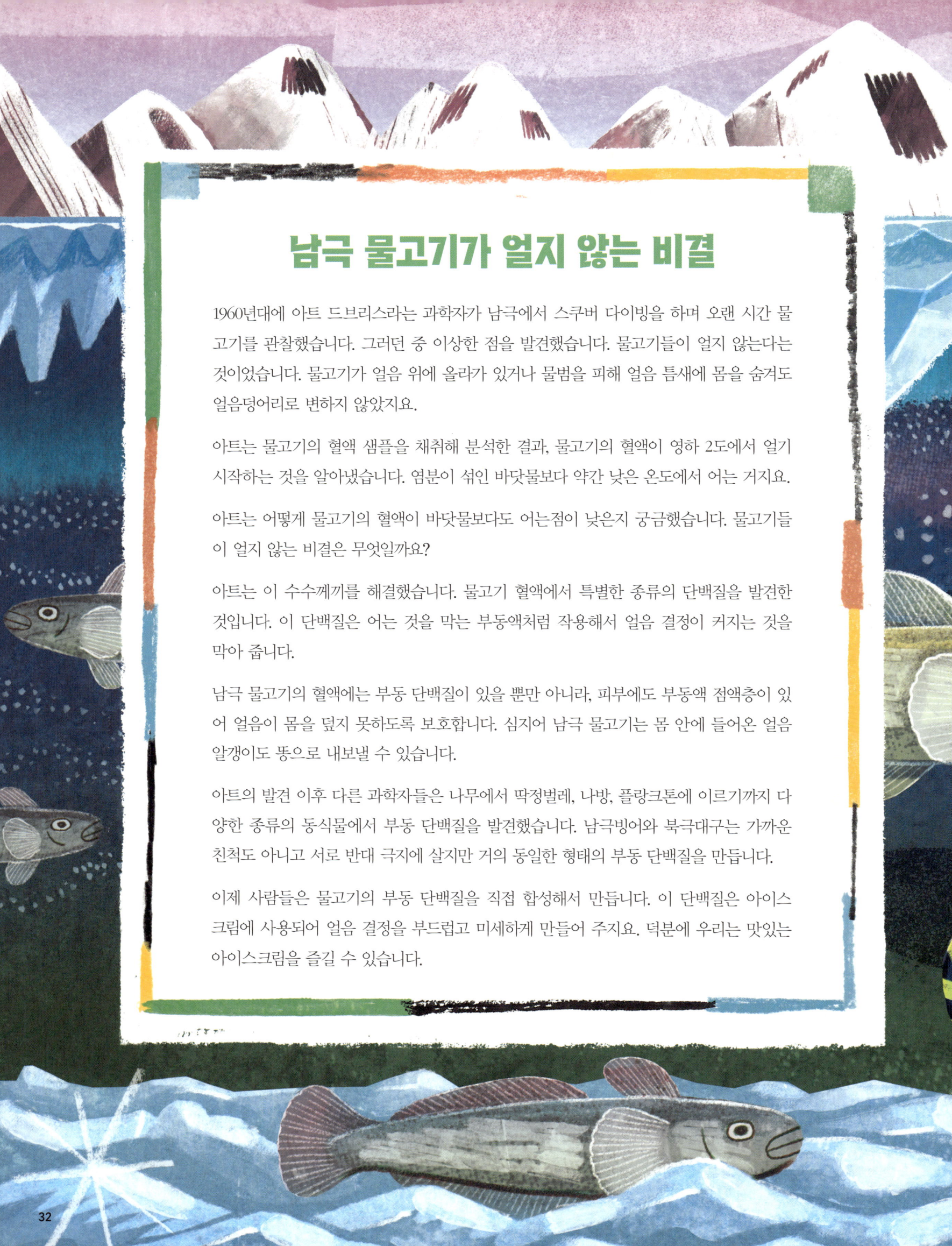

# 남극 물고기가 얼지 않는 비결

1960년대에 아트 드브리스라는 과학자가 남극에서 스쿠버 다이빙을 하며 오랜 시간 물고기를 관찰했습니다. 그러던 중 이상한 점을 발견했습니다. 물고기들이 얼지 않는다는 것이었습니다. 물고기가 얼음 위에 올라가 있거나 물범을 피해 얼음 틈새에 몸을 숨겨도 얼음덩어리로 변하지 않았지요.

아트는 물고기의 혈액 샘플을 채취해 분석한 결과, 물고기의 혈액이 영하 2도에서 얼기 시작하는 것을 알아냈습니다. 염분이 섞인 바닷물보다 약간 낮은 온도에서 어는 거지요.

아트는 어떻게 물고기의 혈액이 바닷물보다도 어는점이 낮은지 궁금했습니다. 물고기들이 얼지 않는 비결은 무엇일까요?

아트는 이 수수께끼를 해결했습니다. 물고기 혈액에서 특별한 종류의 단백질을 발견한 것입니다. 이 단백질은 어는 것을 막는 부동액처럼 작용해서 얼음 결정이 커지는 것을 막아 줍니다.

남극 물고기의 혈액에는 부동 단백질이 있을 뿐만 아니라, 피부에도 부동액 점액층이 있어 얼음이 몸을 덮지 못하도록 보호합니다. 심지어 남극 물고기는 몸 안에 들어온 얼음 알갱이도 똥으로 내보낼 수 있습니다.

아트의 발견 이후 다른 과학자들은 나무에서 딱정벌레, 나방, 플랑크톤에 이르기까지 다양한 종류의 동식물에서 부동 단백질을 발견했습니다. 남극빙어와 북극대구는 가까운 친척도 아니고 서로 반대 극지에 살지만 거의 동일한 형태의 부동 단백질을 만듭니다.

이제 사람들은 물고기의 부동 단백질을 직접 합성해서 만듭니다. 이 단백질은 아이스크림에 사용되어 얼음 결정을 부드럽고 미세하게 만들어 주지요. 덕분에 우리는 맛있는 아이스크림을 즐길 수 있습니다.

남극 로스해 근처의 드브리스 빙하는 아트의 이름을 따서 지어졌습니다.

# 잃어버린 고대 세계

남극이 항상 춥고 얼음으로 뒤덮인 땅이었던 것은 아닙니다. 1억 년 전 백악기 시대에는 지구가 지금보다 훨씬 더 따뜻했습니다. 남극 대륙은 울창한 숲으로 뒤덮여 있었고, 그곳에는 공룡들이 살고 있었습니다.

거대한 티타노사우루스가 나뭇잎을 뜯어 먹기 위해 무성한 숲 위로 목을 뻗었습니다. 가시 돋친 갑옷을 두른 것 같은 공룡은 남극의 방패라는 뜻의 안타륵토펠타입니다.

백악기 동안 수많은 화산 폭발이 일어나면서 공기 중에 이산화탄소의 양이 많아졌습니다.

이제 이 동물들은 모두 멸종했습니다.

작은 초식 공룡인 트리니사우라가 덤불을 헤치며 빠르게 달리고 있습니다. 그보다 큰 모로사우루스도 육식 공룡을 피해 재빠르게 달려 갔지요. 나무 위 하늘에는 거대한 익룡이 날아다녔습니다.

백악기 남극의 바다에도 지금과는 완전히 다른 생명체들이 살았습니다. 카이카이필루는 강력한 턱을 가진 포식자로 몸길이가 10미터가 넘었습니다. 지금의 백상아리보다 더 컸지요. 엘라스모사우루스는 아주 긴 목을 자랑하며 네 개의 거대한 지느러미로 헤엄쳤습니다. 그 주변에는 문어와 오징어의 친척인 암모나이트가 헤엄쳐 다녔지요.

백악기에도 남극의 겨울은 길고 어두웠습니다. 하지만 동물과 식물은 어떻게든 살아남았지요. 과학자들은 아직 공룡이 겨울잠을 잤다는 증거를 찾지 못했습니다. 어쩌면 수컷 황제펭귄처럼 함께 모여 체온을 유지했을지도 모릅니다. 남극 근처에서 살던 일부 공룡은 눈이 엄청나게 커서 밤에도 잘 볼 수 있었다고 합니다.

남극의 나무들은 저장해 둔 양분을 사용하며 하루 종일 어두운 남극의 겨울을 이겨 냈습니다.

남극의 여름에는 태양이 하루 종일 내리쬐기 때문에 태양으로부터 더 많은 양분을 얻을 수 있습니다.

남극반도 근처의 제임스로스섬에서 많은 화석이 발견되었습니다. 이 화석으로 오래전 남극에서 살던 식물과 동물에 대해 알 수 있지요. 해저에서 퍼 올린 진흙 속에도 먼 옛날 고대 숲의 뿌리와 흙이 그대로 보존되어 있습니다.

# 얼음 아래의 이상한 소리

노토호가 벨링스하우젠해에 도착하자 스쿠버 다이버들이 얼음 아래로 뛰어듭니다.
얼음 아래에서는 마치 외계에서 온 우주선들이 레이저 총을 쏘며 전투를 벌이는 것 같은
소리가 울려 퍼집니다. 사실 이 소리는 남극의 특별한 동물 중 하나인 물범이 내는 소리입니다.

오스카는 물범이 왜 이런 소리를 내는지 알아내기 위해
수중 청음기와 카메라를 설치해 관찰합니다.

웨들해물범은 사람의 귀로는 들을 수 없는
높은 음역의 소리를 내기도 합니다.
이런 소리를 초음파라고 합니다.

퓨퓨!

치르르!

웨들해물범은 얼음 위에 올라와 있을 때도 다른 물범들이 물속에서 내는 소리를 들을 수 있습니다.

## 물범들의 비밀 대화

남극의 어두운 겨울 동안 물범들은 매우 시끄러워집니다. 이때는 빛이 없어 잘 보이지 않기 때문에 초음파를 이용해 먹이를 찾거나 얼음에 난 숨구멍을 찾습니다. 또한 물범들은 범고래 같은 사냥꾼이 자신들의 대화를 엿듣지 못하도록 초음파를 사용해 대화하기도 합니다. 높은 음역대의 소리는 물속에서 멀리 퍼지지 않기 때문에 사냥꾼이 들을 가능성이 적습니다.

### 웨들해물범
렙토니코테스 웨델리
크기: 최대 3.5미터
수명: 30년
LC 최소 관심

웨들해물범은 한 시간 넘게 숨을 참을 수 있으며 600미터가 넘는 깊이까지 잠수할 수 있습니다.

크르!

물범들은 진동수염이라고 하는 매우 민감한 수염으로 아주 작은 떨림을 감지해 가까운 거리에 있는 먹이를 잡습니다.

### 서스턴섬
서스턴섬의 이름은 1940년대 남극 탐험에 사용된 바람막이 천을 고안한 W. 해리스 서스턴의 이름을 따서 지어졌습니다.

# 지구의 기후를 지키는 남극

거대한 얼음으로 이루어진 남극 대륙은 지구 전체에 매우 중요한 역할을 합니다. 남극이 없다면 지구 곳곳의 생명체는 지금과는 다르게 살아갈 것입니다.

## 열과 추위의 이동

남극 대륙 주변의 물은 지구에서 가장 차갑고 염도가 높습니다. 이 물은 밀도가 매우 높아서 바다 밑으로 가라앉는데, 이 물을 남극저층수라고 합니다. 이 차갑고 짠 물은 남극 주변을 중심으로 거대한 해류를 만들고, 이 해류가 흘러 지구의 바닷물 전체를 뒤섞어 버립니다.

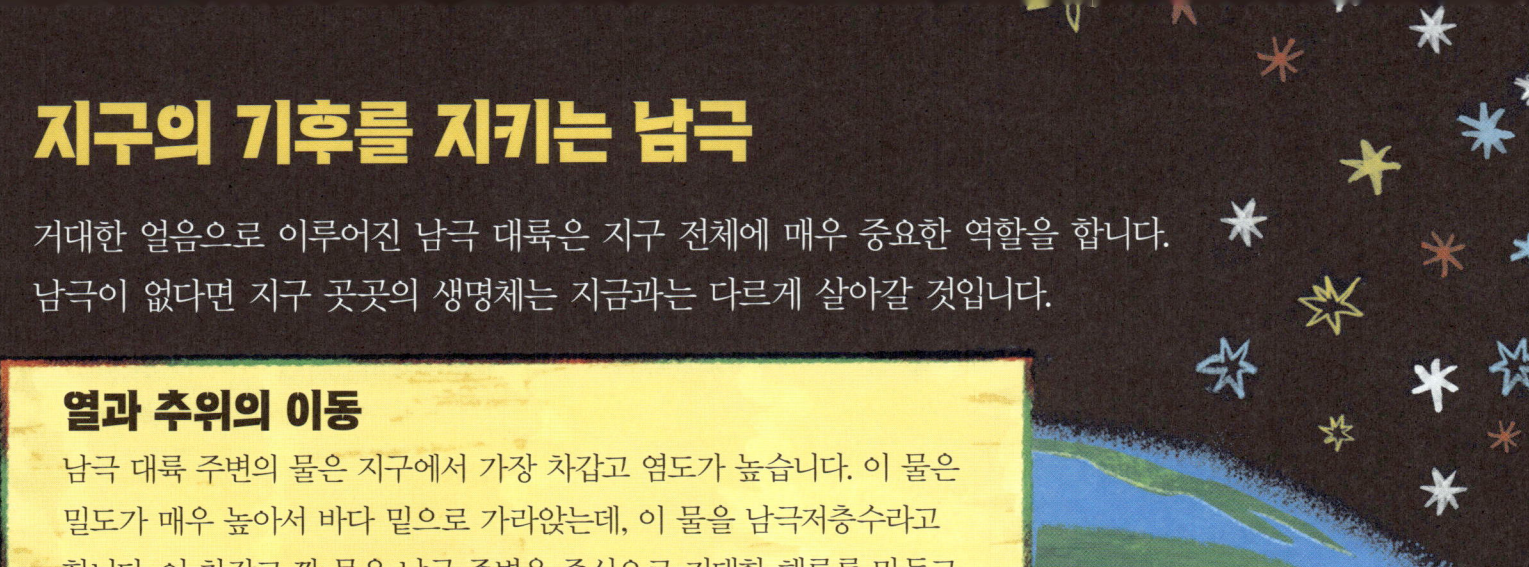

남극저층수는 바닷물을 전 세계로 흐르게 하는 역할을 합니다. 이 해류가 없다면 적도는 더 뜨거워지고 극지방은 더 추워질 것입니다.

해류는 바다로 흘러 열을 이동시키고, 이 열은 바다 위의 대기로 전달되어 세계 곳곳에서 생명체가 번성하기에 알맞은 온도를 만듭니다. 이 해류로 지구상의 모든 생명체가 살아갈 수 있습니다.

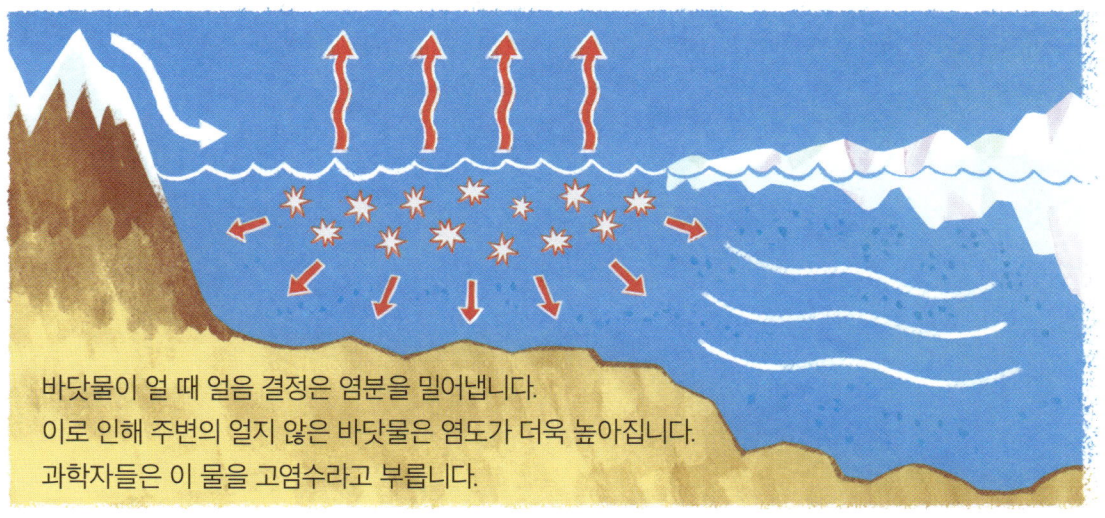

바닷물이 얼 때 얼음 결정은 염분을 밀어냅니다. 이로 인해 주변의 얼지 않은 바닷물은 염도가 더욱 높아집니다. 과학자들은 이 물을 고염수라고 부릅니다.

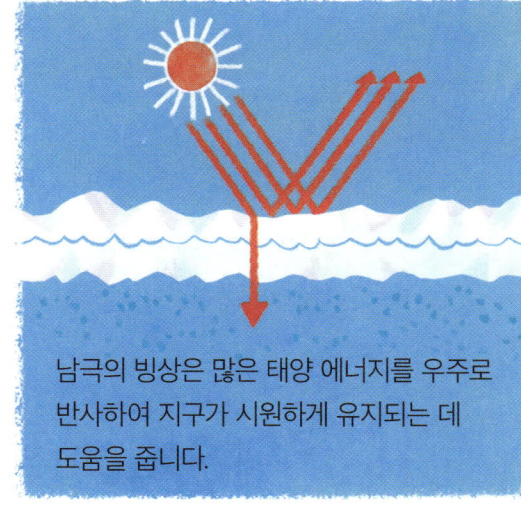

남극의 빙상은 많은 태양 에너지를 우주로 반사하여 지구가 시원하게 유지되는 데 도움을 줍니다.

남극의 얼음에 있던 영양분이 바닷물에 녹아 바다로 흘러 들어갑니다. 이 영양분은 지구의 나머지 해양 생태계가 필요로 하는 먹이의 절반 이상을 공급합니다.

남극해는 대기 중에 있는 많은 양의 탄소를 흡수합니다. 이 탄소는 바닷물과 해양 생물 그리고 해저에 저장됩니다.

하지만 기후 변화로 인해 남극은 변화하고 있습니다.

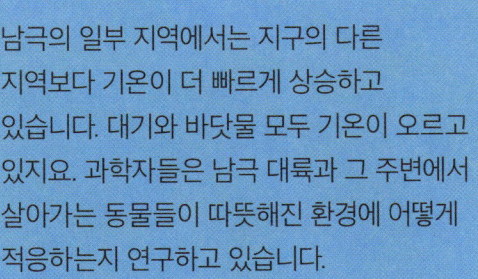

남극의 일부 지역에서는 지구의 다른 지역보다 기온이 더 빠르게 상승하고 있습니다. 대기와 바닷물 모두 기온이 오르고 있지요. 과학자들은 남극 대륙과 그 주변에서 살아가는 동물들이 따뜻해진 환경에 어떻게 적응하는지 연구하고 있습니다.

기온이 상승하면서 얼음이 얼지 못해 남극저층수도 예전보다 적게 만들어지고 있습니다. 이러한 현상은 전 세계를 도는 바닷물의 흐름에 영향을 미칠 수 있습니다. 남극의 빙상도 기온 상승으로 변화를 겪고 있습니다. 일부 지역은 빙하가 줄어들고 다른 지역은 빙하가 늘어나고 있습니다.

남극해는 점점 더 산성화되고 있습니다. 대기 중의 이산화탄소가 바닷물에 녹으면서 산을 만들어 내기 때문입니다. 이런 산성화로 여러 해양 생물들은 살기 어려워졌습니다. 달팽이처럼 생긴 바다나비도 바닷물의 산성화로 어려움을 겪고 있습니다.

# 지구의 마지막 날까지 얼마나 남았을까요?

지구의 공기를 오염시키는 온실가스가 점차 많아지면서 태양열을 가두고 있습니다. 과학자들은 이렇게 지구의 기온이 높아지면 남극 대륙에서도 매우 큰 변화가 일어날 수 있다고 걱정합니다. 노토호는 아문센해에 도착했습니다. 아리가 자율 무인 잠수정인 미룽가를 스웨이츠 빙하 아래로 내려보내 탐사를 시작합니다. 스웨이츠 빙하는 '종말의 날 빙하'라는 별명으로도 불립니다.

만약 스웨이츠 빙하가 붕괴되면 빙상이 갑자기 바다로 무너져 내리면서 많은 얼음이 순식간에 녹을 수 있습니다.

기후 변화로 대기와 바다의 온도가 모두 높아지면서 남극 주변의 일부 빙붕은 위와 아래에서 동시에 녹아내리고 있습니다. 스웨이츠 빙하도 마찬가지입니다. 빙하 연구자들은 이 빙하를 특히 걱정하고 있습니다. 스웨이츠 빙하가 남극에서 바다로 흘러 나가려는 빙상을 막고 있는데, 만약 스웨이츠 빙하가 녹으면 주변 빙하들까지 무너져 빙상을 이루는 막대한 양의 얼음이 바다로 녹아내리게 됩니다.

스웨이츠 빙하가 모두 녹으면 전 세계의 해수면이 65센티미터까지 상승할 수 있습니다. 숫자로 보면 크지 않아 보일 수도 있지만, 많은 섬나라와 대도시에서 홍수를 일으킬 수도 있는 높이입니다. 오늘날 세계 인구 10명 중 1명은 해발 10미터가 되지 않는 곳에서 살고 있기 때문입니다.

### 아문센해

아문센해의 면적은 8만 8,000제곱킬로미터로 우리나라 면적보다 약간 작습니다.

미룽가는 스웨이츠 빙하를 관찰하고 분석하여 이 빙하가 얼마나 빨리 붕괴될 것인지, 만약 붕괴된다면 지구 전체에 얼마나 심각한 영향을 미칠지 연구하고 있습니다.

## 남극에 첫발을 디딘 여성 과학자들

여기는 남극의 드라이밸리입니다. 이름에서 알 수 있듯이 이곳은 남극 대륙은 물론 지구에서 가장 건조한 곳 중 하나입니다. 이곳에는 200만 년 동안 비가 내리지 않았습니다! 눈이 내리더라도 건조한 바람 때문에 매우 빨리 증발하지요. 많은 과학자가 아주 오래된 얼음이나 암석과 빙하를 연구하기 위해 드라이밸리를 찾아옵니다. 그들은 박테리아가 암석 안에서 어떻게 살아남을 수 있는지도 연구합니다.

1969년 미국의 지질학자 로이스 존스는 최초로 여성 과학자로 이루어진 팀을 이끌고 남극에 왔습니다. 팀원으로는 곤충학자 케이 린지, 화학자 테리 리 틱힐, 지질학자 아일린 멕세버니가 있었습니다. 이들은 드라이밸리에서 얼음이 녹으면서 암석에 어떤 영향을 미치는지, 또 하류에 사는 생물들에게는 어떤 영향을 미치는지를 연구했습니다.

로이스와 탐험대는 남극에서 4개월을 보냈습니다. 그곳에 머무는 동안 로이스는 남극의 미국 해군 기지로 가는 보급 비행기를 탈 수 있는지 물었습니다. 비행기를 타고 하늘에서 내려다보면 암석 지형을 더 자세히 관찰할 수 있으니까요.

비행을 책임지던 남성들은 남극점에 도달한 최초의 여성이 누구인지 논란이 생기는 것을 원치 않았습니다. 그래서 모든 여성이 동시에 발을 디딜 것을 결정했지요. 로이스와 탐험대는 여성 기자 한 명과 다른 여성 과학자 한 명, 미국 해군의 데이비드 웰치 소장과 함께 동시에 비행기에서 내렸습니다. 이렇게 해서 이들 여섯 명은 남극점에 첫발을 디딘 여성들로 기록되었습니다.

드라이밸리에는 매우 염분이 높은 호수가 많이 있습니다. 남극에서 가장 긴 강인 오닉스강도 있는데, 이 강의 길이는 약 30킬로미터이며 여름에만 흐릅니다.

# 세계에서 가장 작은 범고래

노토호는 로스해로 항해하여 테라노바만에 닿았습니다. 이곳에서 노토 탐험대는 이 지역 최상위 포식자인 범고래를 관찰하고 그들의 소리를 기록합니다.

## 범고래의 울음소리

남극 범고래의 유형은 A형, B1형, B2형, C형, D형으로 나누는데, 로스해에는 세계에서 가장 작은 범고래인 C형 범고래가 서식합니다. 오스카는 얼음 가장자리에서 헤엄치는 C형 범고래 무리를 발견하고는 수중 청음기를 내려 범고래의 울음소리를 녹음합니다. 오스카는 범고래들이 물속으로 잠수할 때 어떤 소리를 내는지 알아낼 계획입니다.

오스카는 범고래가 내는 세 가지 울음소리에 귀를 기울입니다. 딸깍 소리는 몇 초 동안 지속되는 짧은 진동음입니다. 범고래는 이 소리를 이용하여 주변 환경을 탐지하며, 먹이를 찾고 방향을 탐색합니다. 범고래들은 서로 소통하기 위해 몇 초 동안 휘파람 같은 소리를 내기도 합니다. 터지는 듯한 더 빠른 딸깍 소리도 의사소통을 하기 위해 사용합니다. 범고래들은 다양한 울음소리를 내서 먹이를 찾고 길을 탐색하며 서로 소통합니다.

### 테라노바만

테라노바만의 이름은 20세기 초 탐험가들을 남극으로 태우고 온 영국 범선의 이름을 따서 지어졌습니다.

## 수중 청취 관측소

오스카가 녹음한 기록에 따르면 C형 범고래는 다른 범고래와는 다른 고유한 울음소리를 냅니다. 오스카는 이제 남극의 이 외딴 보호 구역에서도 수중 청음기를 수중 청취 관측소에 연결해 1년 내내 범고래를 관찰하고 개체 수를 확인할 수 있습니다.

C형 범고래는 물고기를 잡아먹으며, 눈 주위에 비스듬한 흰색 무늬가 있어 쉽게 구별할 수 있습니다.

**범고래**
오르키누스 오르카
크기: 6~9.5미터
수명: 30~60년
❓ 미평가

ㅈㅈㅈㅈㅈ!

2016년 로스해는 세계에서 가장 큰 해양 보호 구역으로 지정되었습니다. 얼음으로 덮인 취약한 생태계를 보호하기 위해 35년 동안 166만 제곱킬로미터의 바다에서 어업을 할 수 없고 오직 연구 활동만 허가됩니다.

범고래 A형, B형, C형, D형은 크기나 생김새도 조금씩 다르고 먹이도 다릅니다. 과학자들은 범고래가 먹이나 환경에 따라 다르게 적응해 이처럼 서로 다른 종류로 나뉘게 되었다고 생각합니다.

A형

B형

C형

D형

# 우주 날씨

라라와 아리는 잠시 노토호를 떠나 남극점으로 가 아름다운 남극광을 연구합니다. 남극광은 하늘에서 녹색 커튼이 소용돌이치며 반짝이는 현상으로, 우주 날씨에 의해 발생합니다.

우주 날씨는 우리가 잘 알고 있는 날씨와 비슷하지만 훨씬 더 높은 곳, 즉 지구와 가까운 우주에서 생기는 현상을 말합니다. 그곳에는 공기가 없고 전기를 띤 입자들로 가득 차 있으며, 자기권이라고 합니다.

극지방의 하늘에서 볼 수 있는 반짝이는 빛을 '오로라'라고도 합니다. 남극에서 발생하는 오로라는 '오로라 오스트랄리스'라고 하고, 북극에서 발생하는 오로라는 '오로라 보레알리스'라고 부릅니다.

태양 표면에서 거대한 폭발이 일어나면 전기를 띤 입자들이 우주로 방출되어 시속 약 400만 킬로미터로 우주를 날아옵니다. 이 입자들이 지구의 자기권과 충돌하면 지자기 폭풍을 일으킵니다. 때로는 이 입자들이 자기권 안으로 들어와 대기 중의 기체와 충돌합니다. 이때 발생하는 빛이 극광, 즉 오로라입니다.

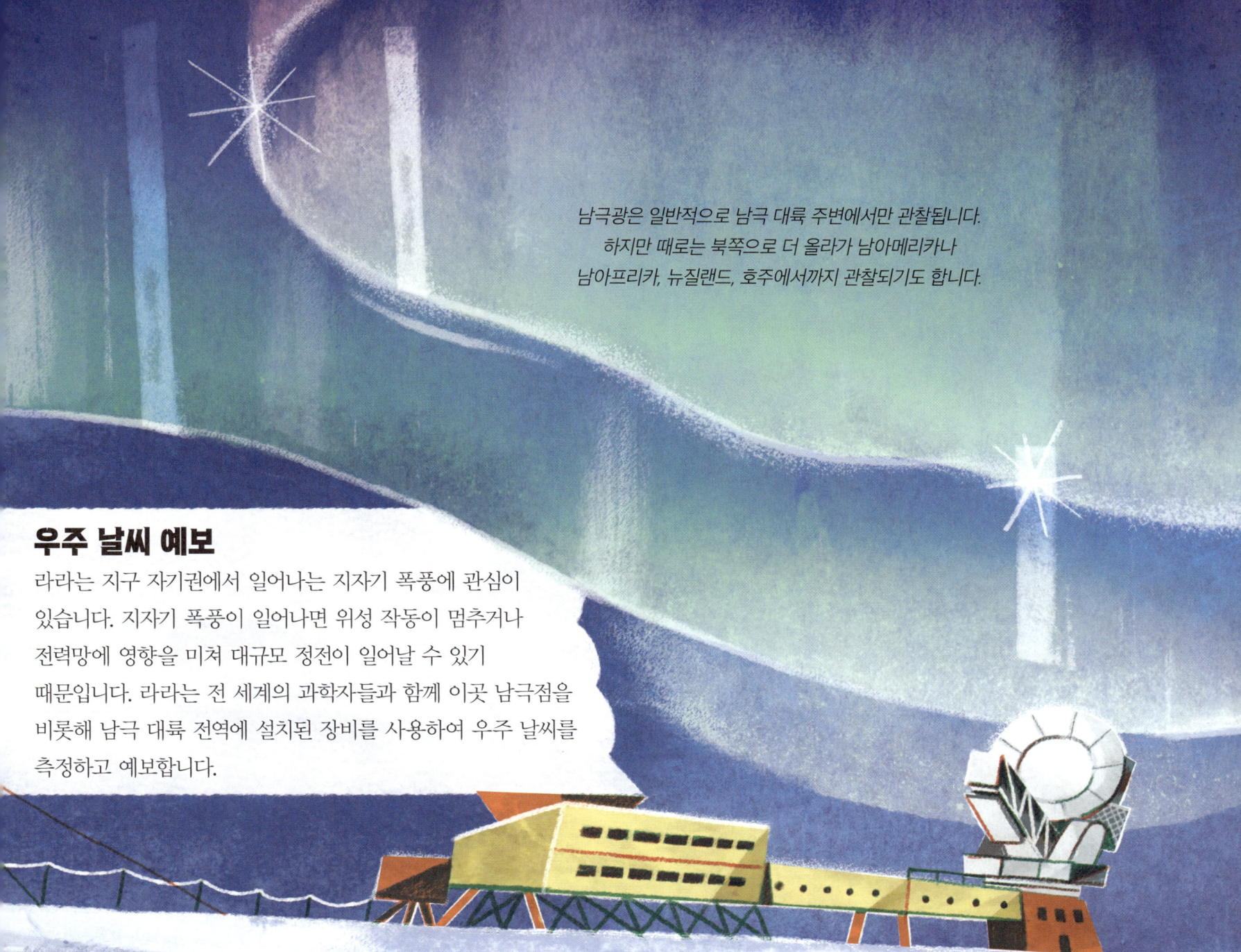

남극광은 일반적으로 남극 대륙 주변에서만 관찰됩니다. 하지만 때로는 북쪽으로 더 올라가 남아메리카나 남아프리카, 뉴질랜드, 호주에서까지 관찰되기도 합니다.

## 우주 날씨 예보

라라는 지구 자기권에서 일어나는 지자기 폭풍에 관심이 있습니다. 지자기 폭풍이 일어나면 위성 작동이 멈추거나 전력망에 영향을 미쳐 대규모 정전이 일어날 수 있기 때문입니다. 라라는 전 세계의 과학자들과 함께 이곳 남극점을 비롯해 남극 대륙 전역에 설치된 장비를 사용하여 우주 날씨를 측정하고 예보합니다.

자기장은 자석의 성질이나 작용이 미치는 공간을 말합니다. 오로라는 지구 자기장이 모이는 북극과 남극 근처에서 발생합니다. 태양 폭발로 만들어진 전기 입자들이 지구의 자기장을 따라 극지방으로 끌려가기 때문입니다.

### 지리적 남극점

지구가 돌 때 중심이 되는 축을 자전축이라고 합니다. 이 자전축의 남쪽 끝이 지리적 남극점입니다. 지리적 남극점은 항상 같은 위치에 있습니다.

### 자기적 남극점

지구 자기장의 남쪽 끝을 자기적 남극점이라고 합니다. 이곳에서는 나침반의 바늘이 땅을 똑바로 가리키려고 합니다. 자기적 남극점의 위치는 자기장이 변할 때마다 움직입니다.

# 가장 오래된 얼음을 찾아서

남극 대륙의 해안에서 1,000킬로미터 넘게 떨어진 남극고원에는 남극으로 쏟아져 내리는 봉우리 돔 C가 있습니다. 이곳의 빙상은 특히 두껍고 오래되었습니다. 아래와 타래는 돔 C로 가서 근처 기지의 과학자들을 도와 빙상을 뚫고 긴 얼음 기둥을 뽑아 올리는 사주 작업을 합니다. 이 얼음은 아주 오래전 지구의 기후가 어떠했는지 알아내는 데 도움을 줄 것입니다.

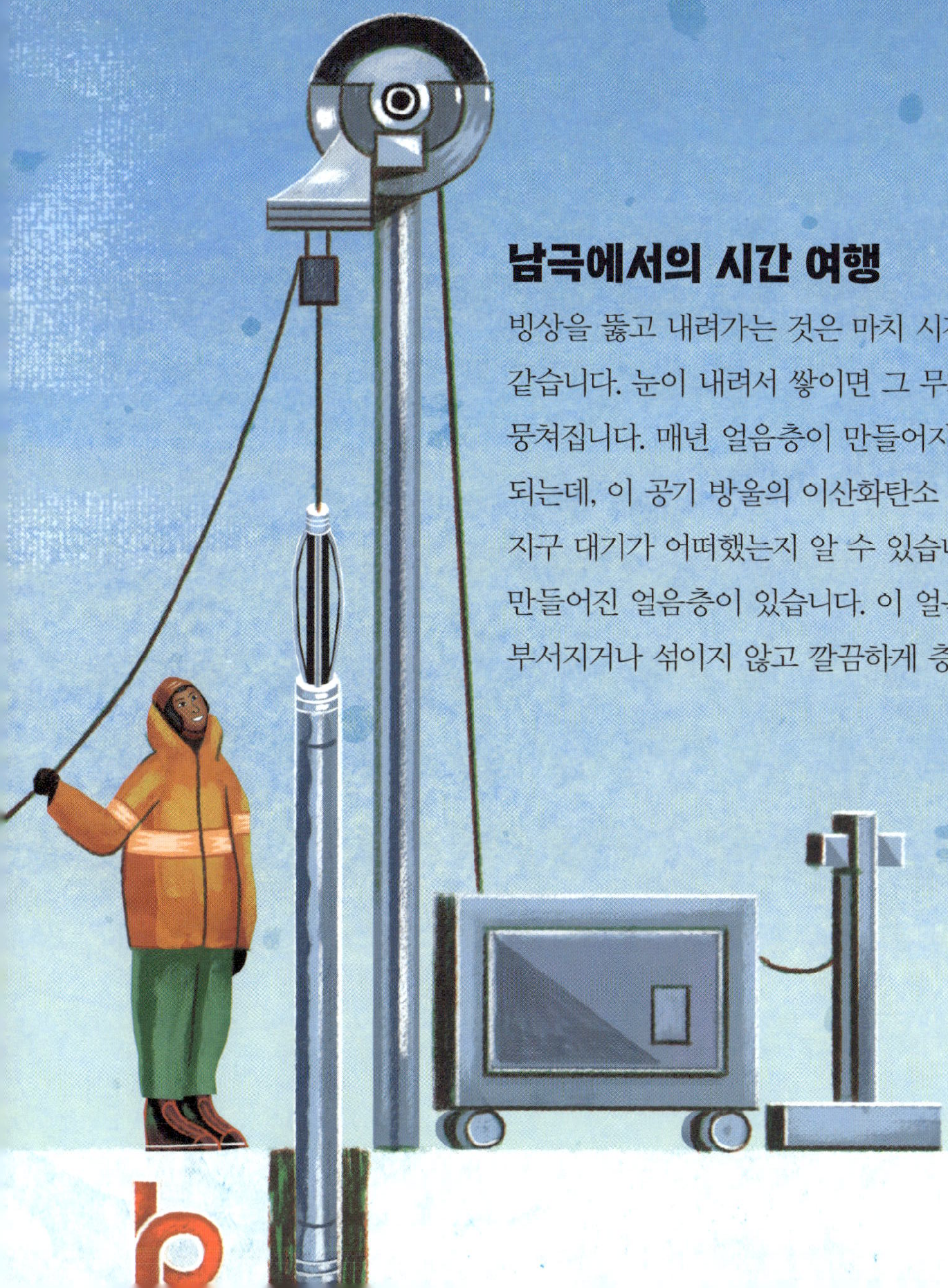

아래는 얼음 기둥에서 조심스럽게 샘플을 채취해 실험실로 가져갑니다. 샘플을 녹여 얼음에 들어 있는 화학 물질을 측정합니다. 이 화학 물질들은 얼음이 만들어졌을 때의 기온과 공기 중의 먼지 양을 보여 줍니다. 이를 통해 과거 남극 주변의 기후가 어떠했는지 알아낼 수 있습니다.

## 남극에서의 시간 여행

빙상을 뚫고 내려가는 것은 마치 시간을 거슬러 올라가는 것과 같습니다. 눈이 내려서 쌓이면 그 무게로 인해 얼음으로 뭉쳐집니다. 매년 얼음층이 만들어지면서 공기 방울이 간헐에 되는데, 이 공기 방울의 이산화탄소 농도를 측정하면 과거에 지구 대기가 어떠했는지 알 수 있습니다. 돔 C에는 80만 년 전에 만들어진 얼음층이 있습니다. 이 얼음층이 오랜 시간 동안 부서지거나 쉬이지 않고 얌전하게 층을 이루어 보존되어 있습니다.

## 더 먼 과거로 거슬러 올라가기

돔 C에서 과학자들은 약 3킬로미터 깊이의 얼음 구멍을 뚫고 있습니다. 이 작업은 아주 오랜 시간이 걸립니다. 과학자들은 100만 년이 넘은 얼음층에 닿기를 바라고 있습니다. 그 아래에 있는 얼음은 이전에 시추한 그 어떤 얼음보다 오래된 것이지요. 이 얼음 기둥은 지구의 기후가 극적으로 변해서 대빙하기가 시작될 때 지구에 어떤 일이 일어났는지 밝히는 데 도움을 줄 것입니다.

대기 중 온실가스의 농도가 점차 증가함에 따라, 과거 기후에 어떤 변화가 있었는지 아는 것이 중요해졌습니다. 앞으로 일어날 일을 예측하는 데도 이러한 연구는 매우 중요합니다.

### 돔 C

돔 C는 해발 3,233미터에 위치해 있습니다.

# 깊은 바닷속의 거대한 생명체

노토호에 다시 모인 탐험대는 모슨해로 항해를 나섭니다. 이곳에서 미셸은 깊은 바다를 탐사할 수 있는 심해 잠수정 키와호를 내립니다. 잠수정 외부에는 어두운 바다 밑을 밝힐 수 있는 특수한 전조등이 달려 있습니다. 미셸은 깊고 차가운 남극해에 살고 있지만 산 채로 거의 발견된 적이 없는 신비한 생물을 유인하려고 합니다.

### 발광 유인등

해파리는 포식자의 공격을 받으면 번쩍 빛을 내는데, 키와호의 조명은 이런 해파리의 빛을 따라 만들어졌습니다. 이 빛으로 더 큰 포식자인 남극하트지느러미오징어를 유인하기 위해서지요. 이 거대한 오징어는 해파리를 먹지는 않지만 해파리를 먹는 생물들을 먹기 때문에 빛을 보고 먹이가 있는지 보러 오는 것 같습니다.

미셸은 어둠 속에서 거대한 촉수가 뻗어 나올 때까지 인내심을 가지고 기다립니다. 미셸은 남극하트지느러미오징어를 촬영하고 나중에 영상을 다시 보면서 이 신비로운 동물에 대해 더 많이 알아낼 계획입니다.

# 극지방의 거대 동물

무게가 500킬로그램에 달하는 남극하트지느러미오징어는 세계에서 가장 무거운 무척추동물(등뼈가 없는 동물)입니다. 자이언트바다거미와 마찬가지로 극지방에서 동물의 크기가 커지는 극지 거대화를 보여 주는 또 하나의 사례입니다.

### 모슨해

모슨해의 이름은 아직 공식적으로 인정받지 못했습니다. 남극에는 이처럼 아직 공식적으로 이름을 인정받지 못한 지역이 많습니다.

**남극하트지느러미오징어**
메소니코테우티스 하밀토니
크기: 9미터 이상
수명: 알 수 없음.
LC 최소 관심

남극하트지느러미오징어는 지구상에서 가장 큰 눈을 가지고 있습니다. 눈의 크기는 약 27센티미터로 농구공보다 크지요. 이 오징어의 눈은 어둠 속에서 빛납니다! 눈 주위의 박테리아가 화학 반응을 일으켜 빛을 발산하기 때문입니다. 확실하지는 않지만 남극하트지느러미오징어는 눈을 전조등처럼 사용하여 어두운 물속을 헤쳐 나가는 것 같습니다.

# 물범을 관찰해요

노토호는 남극 대륙 동쪽의 바다 데이비스해에 도착했습니다. 나이리 선장은 해안을 따라 노토호를 신중하게 조종해 해빙의 갈라진 틈 사이로 항해합니다. 아리는 드론을 띄워 하늘에서 얼음을 살피며 안전한 항로를 찾습니다. 시간이 지나면서 얼음이 어떻게 변화하는지 과학자들이 알 수 있도록 사진을 찍기도 합니다. 오스카는 배가 지나갈 때 해빙 가장자리에 누워 있는 물범을 관찰합니다.

얼음 사이의 갈라진 틈은 물범과 고래가 숨을 쉬는 데 매우 중요합니다.

**얼룩무늬물범**
히드루가 렙토닉스
크기: 최대 3.5미터
수명: 25년
**LC** 최소 관심

**데이비스해**
데이비스해에서 북쪽으로 8,000킬로미터를 항해하면 도착하는 첫 번째 육지가 스리랑카입니다.

## 얼음의 이름

남극의 얼음 지형은 크기에 따라 이름이 다양합니다.

**빙산**: 해발 5미터 이상, 면적 500제곱미터 이상.

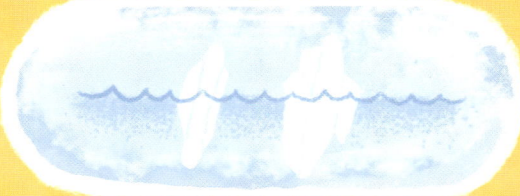

**버기 비트**: 빙산에서 떨어져 나온 조각. 해발 1~5미터, 최대 면적 300제곱미터 이상.

**그롤러**: 더 작은 빙산 조각. 해발 1미터 미만, 면적 20제곱미터 미만.

**브래시 아이스**: 지름 2미터 이하의 작은 얼음 조각.

**팬케이크 아이스**: 팬케이크처럼 생긴 새로 형성된 해빙.

**폴리냐**: 해빙 가운데 얼음이 없는 부분으로 대개 타원형 또는 원형.

**리드**: 해빙 사이의 길고 좁은 틈새.

### 게잡이물범

로보돈 카르시노파가

크기: 2.5미터

수명: 40년(평균 20년)

LC 최소 관심

# 동물 과학자 물범

노토 탐험대는 남극 대륙을 벗어나 동쪽의 섬으로 향합니다. 지혜는 강한 해류가 케르겔렌제도에 부딪치면서 해저의 복잡한 수로와 봉우리 사이로 바닷물이 어떻게 흘러가는지 조사하고 있습니다. 하지만 친구들의 도움이 조금 필요합니다!

## 연구를 도와주는 물범

지혜와 오스카는 코끼리물범의 머리에 특수 센서를 조심스럽게 붙입니다. 물범이 먹이를 찾아 헤엄치는 동안 센서가 물의 염분과 온도 그리고 물범의 잠수 깊이를 기록합니다. 지혜는 이 자료들로 섬 사이의 좁은 틈으로 바닷물이 어떻게 흐르는지 파악합니다.

센서 '모자'는 물범에게 해를 끼치지 않습니다. 몇 달 후 물범들이 털갈이를 할 때 자연스럽게 떨어져 나갑니다.

**마카로니펭귄**
유딥테스 크리솔로푸스
크기: 70센티미터
수명: 12년
VU 취약

**남부바위뛰기펭귄**
유딥테스 크리소콤
크기: 55센티미터
수명: 10년
VU 취약

노토 탐험대는 남극 대륙에서는 보지 못한 새로운 펭귄 종을 발견했습니다. 남부바위뛰기펭귄과 마카로니펭귄은 남극 대륙에는 살지 않지만 케르겔렌제도를 포함한 인근 섬에 살고 있습니다.

## 잠수 챔피언

코끼리물범은 매우 깊이 잠수할 수 있으며, 한 시간 이상 숨을 참을 수 있습니다. 고래와 돌고래를 제외하면 그 어떤 해양 포유류보다 긴 시간이지요. 가장 깊은 잠수 기록은 2,400미터입니다.

**남방코끼리물범**

미룽가 레오니나

크기: 5미터(수컷), 3미터(암컷)
수명: 21년

LC 최소 관심

남방코끼리물범은 세계에서 가장 크고 무거운 물범입니다. 수컷의 몸무게는 4,000킬로그램에 이르기도 합니다.

## 전 세계를 도는 해류

남극 대륙 주변에는 강한 해류가 시계 방향으로 돌고 있습니다. 이 해류를 남극순환류라고 합니다. 남극순환류는 세계에서 가장 세고 중요한 해류 중 하나입니다. 남극순환류는 대서양, 태평양, 인도양을 모두 흐르며 지구 한 바퀴를 돌고, 탄소와 열, 영양분을 운반해 바닷속 깊이 저장하기도 합니다. 남극해 전역에서 활동하는 과학자들은 이 해류가 어떻게 작용하는지 더 잘 이해할 수 있도록 함께 자료를 수집하고 연구합니다.

### 케르겔렌제도

케르겔렌제도는 수백만 년 동안 지속된 화산 활동으로 형성되었습니다.

# 빛이 닿는 바닷속의 가장 깊은 층

빛이 닿는 바닷속의 가장 깊은 층을 약광층이라고 합니다. 약광층은 수심 200미터에서 1,000미터 사이의 영역으로, 빛이 있기는 해도 충분하지 않으며 심해가 시작되는 곳입니다. 과학자들은 이 남극해의 약광층에 대해서 아직 많은 것을 알지 못합니다. 미셸은 퀸모드랜드 해안에서 약광층의 물고기를 연구하기 위해 대형 그물을 내립니다. 이 물고기는 랜턴피시라는 이름의 물고기로 배 쪽에서 빛을 반짝이며 헤엄칩니다.

랜턴피시는 커다란 무리를 지어 삽니다. 낮에는 약광층에서 헤엄치고 밤이 되면 플랑크톤과 크릴을 사냥하기 위해 수면 쪽으로 올라옵니다. 랜턴피시는 펭귄, 물범, 고래의 중요한 먹잇감으로, 크릴처럼 남극해의 먹이 그물에서 중요한 역할을 합니다.

### 랜턴피시
믹토피드
크기: 0.6~20센티미터
수명: 2~5년
? 미평가

### 퀸모드랜드
노르웨이가 영유권을 주장하는 지역으로 노르웨이어인 드로닝메우드라고도 불립니다.

## 줄어드는 물고기

미셸은 다양한 종의 랜턴피시가 사는 물의 온도를 측정해 가장 큰 랜턴피시 종이 가장 차가운 물에 산다는 사실을 발견합니다. 남극해가 점점 따뜻해지면 미래에는 작은 랜턴피시만 살아남고 큰 랜턴피시는 멸종하거나 다른 곳으로 이동할지도 모릅니다. 만약 그렇게 되면 남극해에서 랜턴피시를 먹고사는 포식자들은 충분한 먹이를 찾기 어려워질 것입니다. 작은 랜턴피시에게서는 열량을 충분히 얻지 못하니까요.

## 빛으로 몸을 숨겨요

랜턴피시는 배 쪽에 있는 빛을 내는 기관을 이용해 몸의 윤곽을 숨깁니다. 랜턴피시가 내는 푸른빛은 약광층의 희미한 빛과 비슷해 눈에 잘 띄지 않습니다. 그래서 아래에서 헤엄치는 포식자들은 랜턴피시를 쉽게 발견할 수 없습니다.

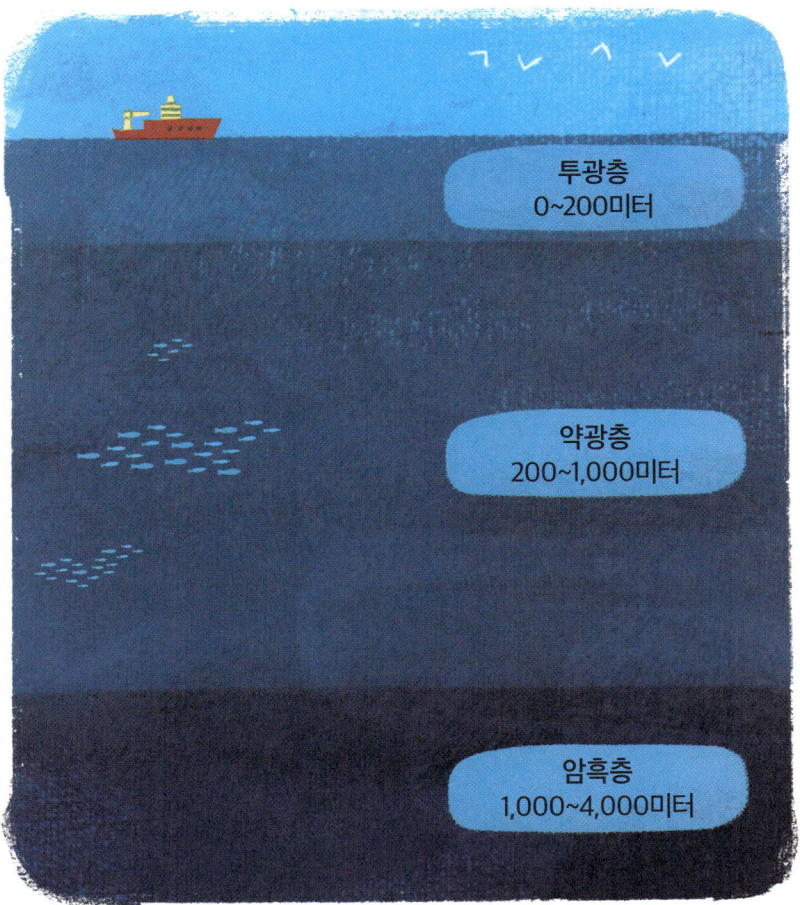

## 세계에서 가장 흔한 물고기

랜턴피시는 전 세계의 바닷속 약광층에서 삽니다. 그 수가 너무 많아서 정확히 셀 수도 없지요. 아마도 수백 조 마리는 될 텐데, 바다에 사는 다른 어떤 물고기보다 그 수가 많습니다.

# 황제펭귄을 관찰해요

노토호가 퀸모드랜드 해안에 정박하자 하비에르와 요요는 아트카만의 해빙을 걸어서 탐험합니다. 수개월 동안 바다에서 물고기와 크릴을 사냥하고 돌아온 황제펭귄 수천 마리가 멀리서 뒤뚱거리며 걸어갑니다. 펭귄들은 매년 그래 왔듯이 해빙 위 보금자리로 돌아가는 중입니다. 요요는 펭귄 무리에 너무 가까이 가지 않고 관찰하기 위해 특별한 장치를 가져왔습니다.

## 로봇 눈으로 펭귄 관찰하기

카메라와 센서가 달린 작은 로봇이 얼음 위를 천천히 움직입니다. 이 로봇은 펭귄의 수와 움직임을 추적하여 그 자료를 근처 연구소로 전송합니다. 요요는 펭귄이 태어나 자라고 다시 알을 낳는 생애를 모두 관찰하기 위해 로봇을 남겨 둘 계획입니다.

## 깃털 달린 파수꾼

황제펭귄은 남극의 대표적인 동물입니다. 과학자들은 황제펭귄을 관찰하고 이들이 기후 변화에 어떻게 적응하는지 분석함으로써 남극 전체 생태계의 건강 상태를 파악합니다.

### 황제펭귄

압테노디테스 포스테리
크기: 1미터
수명: 20년

**NT** 준위협

## 황제펭귄의 생애 주기

### 아트카만

아트카만은 바다가 빙붕 쪽으로 움푹 들어간 폭 16킬로미터의 지형으로, 배들의 피난처 역할을 합니다.

1. 암컷이 알을 낳아 수컷에게 넘깁니다. 알이 얼음 위에 노출되면 금세 얼어 버리기 때문에 조심해야 합니다. 그런 다음 암컷은 바다로 나가 먹이를 섭취합니다.

2. 수컷들은 알을 발 위에 올려놓고 몸을 웅크린 채 서로 가까이 붙어 남극의 혹독한 겨울을 버팁니다. 이 어두운 폭풍의 계절은 두 달 동안 계속됩니다.

수컷 펭귄이 얼음 위에서 알과 새끼를 지키는 동안 아트카만의 기온은 영하 45도까지 내려가기도 합니다.

3. 마침내 태양이 다시 떠오르고, 복슬복슬한 털이 있는 새끼 펭귄들이 부화합니다.

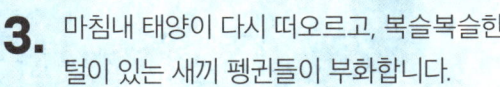

4. 암컷이 바다에서 돌아옵니다. 암컷과 수컷은 교대로 바다에서 물고기를 잡아 와 새끼에게 먹입니다.

5. 새끼가 충분히 자라 털갈이를 하면 어른 펭귄처럼 매끈한 새 깃털이 생깁니다. 이제 남극해로 뛰어들 준비가 된 거지요.

남극에는 황제펭귄의 서식지가 61개 있습니다. 온실가스 배출량을 적정 수준까지 빨리 줄이지 않으면 기온이 상승하여 빙붕이 붕괴될 수 있습니다. 그러면 펭귄의 서식지도 21세기 말에는 80퍼센트가 사라질 수 있습니다. 하지만 온실가스를 성공적으로 줄인다면 남극해의 펭귄 서식지는 19퍼센트에서 31퍼센트만 줄어들 것입니다.

# 남극빙어의 왕국

노토 탐험대는 웨들해에서 노토호 뒤에 수중 비디오카메라를 매달아 얼음 밑에 사는 생물을 연구합니다. 그러던 중 아무도 예상하지 못했던 장면을 발견합니다. 바닷속 밑바닥인 해저 전체가 수천 개의 둥근 둥지로 덮여 있는 것입니다. 각각의 둥지에는 남극빙어의 한 종인 요나빙어가 한 마리씩 살고 있습니다.

둥지는 끝없이 이어져 있습니다. 모든 빙어가 둥지에서 약 1,700개의 파란색 알을 품고 있습니다.

**요나빙어**
네오파게톱시스 이오나
크기: 56센티미터
수명: 알 수 없음.
❓ 미평가

탐험대가 카메라를 달고 계속 관찰한 결과 요나빙어의 둥지는 240제곱킬로미터 넘게 펼쳐져 있으며 모두 6,000만 개의 둥지가 있다는 사실을 알아냈습니다. 전 세계 바다에서 발견된 가장 거대한 번식지입니다.
미셸은 알이 부화하는 모습을 관찰하고 요나빙어들이 매년 같은 둥지로 돌아오는지 확인하기 위해 카메라를 해저에 고정해 둡니다.

요나빙어의 무게를 모두 합치면 6만 톤이 넘습니다. 이것은 수컷 아프리카코끼리 1만 마리의 무게와 같습니다.

이 지역에는 1,500마리의 웨들해물범이 살면서 둥지를 튼 요나빙어를 사냥합니다.

가끔 자이언트바다거미가 요나빙어의 둥지에 뛰어들어 알을 훔쳐 가기도 합니다.

### 웨들해

웨들해의 이름은 1823년 이곳을 항해한 스코틀랜드 선원 제임스 웨들의 이름을 따서 지어졌습니다.

# 유리로 만들어진 동물

노토호는 웨들해의 퍼지만으로 향합니다. 미셸은 심해 잠수정 키와호를 타고 수심 200미터 아래로 내려가 깊은 바닷속에 펼쳐진 이상한 숲처럼 생긴 곳을 탐험합니다. 그곳에는 기묘한 식물이나 버섯처럼 생긴 수수께끼 같은 생명체가 자라고 있습니다. 하지만 이것은 식물이 아니라 해면이라는 동물입니다. 해면은 거의 움직이지 않으며, 엄청난 양의 바닷물을 몸속으로 빨아들여 작은 먹이 입자를 걸러서 먹습니다. 미셸은 해면과 그 주변에 어떤 생물종이 살고 있는지 조사합니다.

해면은 다른 많은 생명체에게 피난처와 먹이를 제공합니다. 수백, 수천 년 동안 사는 해면도 있습니다.

### 큰화산해면
아녹시칼릭스 주비니
크기: 높이 2미터 이상, 폭 1미터
수명: 아마도 1만 5,000년 정도!
❓ 미평가

### 누가 누구일까?
해면은 단순히 눈으로 봐서는 어떤 종인지 구분하기가 매우 어렵습니다. 같은 종이라도 완전히 다른 모양으로 자랄 수 있거든요. 미셸은 키와호의 로봇 팔로 해면 조각을 잘라 노토호로 가져옵니다. 해면은 바다에서 건져 올리면 금세 악취를 풍기니 조심해야 합니다.

### 로라해면
도코네스테스 로빈소니
크기: 전체 크기 알 수 없음.
수명: 알 수 없음.
❓ 미평가

### 퍼지만
퍼지만은 해양 지질학자 캐럴 퍼지 박사의 이름을 따서 지어졌습니다.

많은 해면의 골격은 스피큘이라고 하는 다양한 모양의 작은 유리 조각들로 이루어져 있습니다. 실험실로 돌아온 미셸은 현미경으로 스피큘을 살펴보고 이 해면이 어떤 종인지 알아냅니다.

### 유리해면 연구하기
남극 대륙의 빙붕이 무너지면서 과학자들은 얼음 아래 숨어 있던 유리해면 무리를 연구할 수 있게 되었습니다. 얼음이 사라지면서 바닷속 생태계가 급격히 변화하고 있습니다. 일부 해면은 점점 커지고 있습니다. 얼음이 녹아 햇빛이 바닷속으로 더 많이 비쳐 들어서 해면이 먹을 수 있는 조류가 많아졌기 때문입니다. 과학자들은 해면이 변화하는 환경에 어떻게 적응하는지 계속 관찰할 것입니다.

## 아델리펭귄을 연구해요

노토 호는 웨들해의 마지막 목적지인 데블섬에 도착합니다. 그곳에서 기쁜 소식이 노토 탐험대를 기다리고 있습니다.

데블섬에는 얼음을 좋아하는 아델리펭귄 무리가 살고 있습니다. 노토 탐험대는 아델리펭귄의 새끼 수를 세어 봅니다. 2만 1,500마리입니다! 정말 좋은 소식입니다. 10년 전 과학자들이 이곳에 와서 마지막으로 조사했을 때와 비슷한 수입니다. 남극반도에서 아델리펭귄의 수가 줄어드는 것과는 달리 이곳에서 아델리펭귄 무리의 수는 줄어들지 않고 있습니다.

### 데블섬

데블섬에는 두 개의 바위 봉우리가 있는데 악마의 뿔처럼 보인다고 해서 붙은 이름입니다.

아델리펭귄이 살아가는 데는 해빙이 꼭 필요합니다. 아델리펭귄은 바다 깊이 잠수해 물고기를 잡을 때 중간중간 해빙 위로 올라와 쉽니다. 털갈이를 하는 동안에는 해빙 위에 머물면서 바다로 나가지 않습니다. 물에 젖지 않는 깃털이 완전히 새로 자랄 때까지 바닷물을 피해야 하기 때문이지요.

### 아델리펭귄

피고셀리스 아델리아에
크기: 70센티미터
수명: 10~20년
LC 최소 관심

## 펭귄을 쫓아서

남극이 따뜻해지면서 아델리펭귄이 어떻게 적응하고 있는지 자세히 알아보기 위해 요요와 하베에르는 수중 글라이더를 발사합니다. 수중 글라이더는 아주 작은 배터리 전력으로 미끄러지듯이 움직이면서 깊은 바닷속 협곡으로 잠수하는 펭귄의 뒤를 따라갑니다. 과학자들은 아델리펭귄이 어떻게 사냥하는지 자세히 알고 싶습니다. 수중 글라이더는 바닷물의 온도와 바닷속의 화학 물질을 측정하고, 크릴 떼를 탐지하며 엄청난 양의 조류가 증가한 지역을 알아냅니다. 하베에르와 요요는 이 자료들을 활용해 남극해에서 가장 중요한 지역을 보호하기 위한 계획을 세울 것입니다. 매년 어선들이 남극까지 와서 크릴을 대량으로 잡아 가고 있기 때문에 크릴 아델리펭귄뿐만 아니라 남극의 다양한 동물들이 주로 먹는 중요한 먹이입니다. 크릴을 보호하는 것은 아델리펭귄과 남극 생태계를 지키는 일입니다.

# 남극의 침입자들

노토호는 남극반도의 북쪽 끝을 지나 사우스오크니제도로 향합니다.
하비에르는 시그니섬에 내려 며칠 동안 이곳의 식물과 동물을 연구합니다.

**새포아풀**
포아 애뉴아
크기: 15~25센티미터

새포아풀은 전 세계에 퍼져 있는 식물이지만 남극 대륙에서는 발견되지 않았습니다. 하지만 최근에는 남극 바로 북쪽에 있는 섬들에서 새포아풀을 볼 수 있습니다.

## 새로운 생물들의 유입

남극 대륙은 수백만 년 동안 홀로 떨어져 있었으며, 남극에 사는 생물들은 극한 환경에 적응해 독자적으로 진화했습니다. 하지만 이제는 많은 사람이 여행과 연구를 위해 남극을 방문하면서 실수로 다른 지역의 생물종을 들여옵니다. 옷과 신발에 씨앗이 묻어 있거나 음식이나 장비에 곤충이 숨어 있을 수도 있고, 배 바깥쪽에 해양 생물이 붙어 있을 수도 있습니다. 이러한 외래종은 남극 생태계에 문제를 일으킬 수 있습니다.

## 북쪽에서 찾아온 곤충

요요는 시그니섬에서 머피깔따구 몇 마리를 발견했습니다. 원래 머피깔따구는 시그니섬에서 1,000킬로미터쯤 떨어져 있는 북쪽 섬에서 살았습니다. 시그니섬과 북쪽 섬 사이에는 강한 해류와 바람이 가로막고 있어서 머피깔따구가 시그니섬까지 스스로 날아올 수는 없습니다. 사람과 함께 시그니섬으로 온 것이지요. 시그니섬에는 먹이가 풍부하고 포식자가 없기 때문에 머피깔따구는 이곳에서 빠르게 번식하고 있습니다.

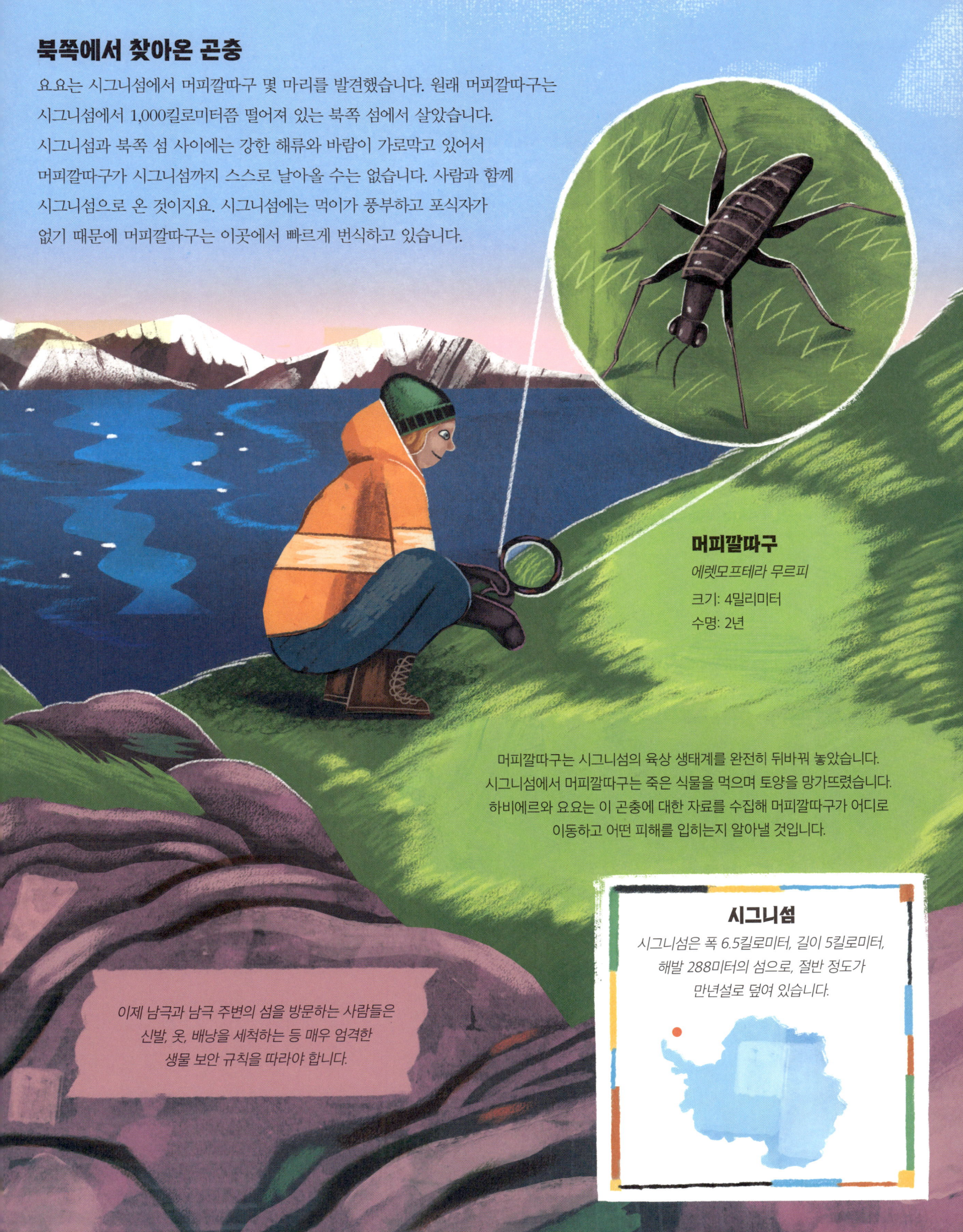

### 머피깔따구
에렛모프테라 무르피
크기: 4밀리미터
수명: 2년

머피깔따구는 시그니섬의 육상 생태계를 완전히 뒤바꿔 놓았습니다. 시그니섬에서 머피깔따구는 죽은 식물을 먹으며 토양을 망가뜨렸습니다. 하비에르와 요요는 이 곤충에 대한 자료를 수집해 머피깔따구가 어디로 이동하고 어떤 피해를 입히는지 알아낼 것입니다.

이제 남극과 남극 주변의 섬을 방문하는 사람들은 신발, 옷, 배낭을 세척하는 등 매우 엄격한 생물 보안 규칙을 따라야 합니다.

### 시그니섬
시그니섬은 폭 6.5킬로미터, 길이 5킬로미터, 해발 288미터의 섬으로, 절반 정도가 만년설로 덮여 있습니다.

# 대왕고래가 돌아왔어요

노토호가 사우스조지아섬에 도착했습니다. 오스카는 지금까지 지구에서 살았던 동물 중 가장 큰 동물을 찾기 위해 바다를 살펴봅니다.

사우스조지아섬 주변의 바다는 대왕고래들이 즐겨 찾는 곳이었습니다. 그러나 지난 세기 동안 영국의 포경업자들이 이곳에서 엄청난 수의 고래를 잡았습니다. 그들은 어마어마한 크기의 고래를 육지로 끌어 올렸고 고래기름을 끓여서 마가린, 비누, 접착제, 립스틱을 만들었습니다. 그들은 이곳에서 고래가 완전히 사라질 때까지 사냥을 멈추지 않았습니다. 다행히 이제 사우스조지아섬에서 고래잡이배는 사라졌습니다.

## 사우스조지아섬

사우스조지아섬에는 여름에는 32명, 겨울에는 16명의 과학자들이 거주합니다.

## 대왕고래

발라에노프테라 무스쿨루스 인터메디아

크기: 30미터
수명: 80~90년

EN 위기

## 사라진 대왕고래를 찾아서

고래잡이가 중단된 후에도 수십 년 동안 사우스조지아섬에서 대왕고래가 보이지 않았습니다. 1998년부터 2018년까지 과학자들이 섬 주변에서 대왕고래를 찾았지만 단 한 마리만 발견했을 뿐입니다. 그러다 2020년에 과학자들이 대왕고래 58마리를 목격했습니다. 사우스조지아섬에 대왕고래가 돌아온 것입니다!
이제 오스카를 비롯한 과학자들이 사우스조지아섬에 와서 대왕고래를 관찰하고 그들의 상태를 추적하고 있습니다.

1904년부터 1971년 사이 사람들은 사우스조지아섬에서 4만 2,698마리의 대왕고래를 사냥했습니다.

1982년 이후 전 세계적으로 고래 사냥은 금지되었습니다. 다만 일부 국가에서 토착민의 전통적인 고래 사냥만 예외적으로 허용할 뿐입니다. 또한, 일부 국가들은 여전히 과학 연구를 한다는 명목으로 고래를 죽이고 있습니다. 하지만 오늘날에는 고래를 죽이지 않고도 고래를 연구할 수 있는 현명한 방법이 많이 있습니다.

# 버드섬의 생물을 관찰해요

노토호는 사우스조지아섬 북서쪽 끝에 있는 버드섬에 마지막으로 정박합니다. 이 작은 섬은 세계에서 가장 많은 야생 생물이 사는 곳 중의 하나입니다. 노토 탐험대는 이곳에서 다양한 생물을 연구하며 바쁜 시간을 보낼 예정입니다.

**떠돌이앨버트로스**
디오메데아 엑술란스
날개 길이: 3.5미터
수명: 50년
VU 취약

떠돌이앨버트로스는 새들 중 날개가 가장 큰 새입니다.

## 위기에 처한 바닷새

하비에르는 새끼를 키우느라 바쁜 떠돌이앨버트로스를 관찰합니다. 앨버트로스의 개체 수는 점점 줄어들고 있습니다. 먹이를 구하러 바다를 가로질러 날아가다가 낚싯줄에 걸려 죽는 경우가 많아졌기 때문입니다. 이런 위험을 막기 위해 낚싯줄에 다채로운 색깔의 줄을 매달기도 합니다. 새들이 화려한 색깔의 줄에 겁을 먹고 달아나니까요.

**회색머리앨버트로스**
탈라사르케 크리소스토마
날개 길이: 2.2미터
수명: 35년
EN 위기

## 플라스틱 쓰레기

지혜는 버드섬 해변에서 쓰레기를 수거합니다. 버드섬에서는 지난 30년 동안 해양 오염을 줄이기 위한 프로젝트가 진행되어 왔습니다. 해변에 쌓이는 쓰레기의 대부분은 어업용 낚싯줄과 그물, 스티로폼, 포장 테이프 같은 플라스틱입니다.

### 버드섬
1775년 영국의 탐험가 제임스 쿡이 항해하면서 섬에 수많은 새가 서식하는 것을 보고 버드섬이라는 이름을 붙였습니다.

### 검은눈썹앨버트로스
탈라사르케 멜라노프리스
날개 길이: 2.4미터
수명: 70년
LC 최소 관심

## 다시 많아지는 물개

오스카는 남극물개의 개체 수를 확인합니다. 사람들이 물개 사냥을 중단한 이후 개체 수가 크게 늘어났습니다. 현재 버드섬에는 약 6만 5,000쌍의 물개가 살고 있습니다.

남극물개는 물범과는 다릅니다. 앞발이 더 길고 귓바퀴가 나와 있습니다.

### 남극물개
아르크토세팔루스 가젤라
크기: 2미터
수명: 24년
LC 최소 관심

# 탐험을 마치고

이제 노토호는 남극을 떠나 북쪽으로 항해합니다. 과학자들은 막바지 정리 작업을 하느라 바쁘지요. 탐험을 마치고 돌아온 노토 탐험대는 얼음으로 뒤덮인 남극을 사람들에게 알리기 위해 한자리에 모입니다.

# 남극의 미래는 어떻게 될까요?

남극과 남극에 살고 있는 놀라운 야생 생물들의 미래는 앞으로 몇 년 동안 전 세계 사람들이 어떤 선택을 하느냐에 달려 있습니다. 남극을 지키기 위해서는 대기 중으로 배출되는 온실가스의 양을 줄이는 것이 아주 중요합니다. 우리가 온실가스를 줄이는 데 성공한다면 남극에는 어떤 변화가 생길까요?

대기와 바닷물의 온도가 상승하는 것을 막아 빙붕과 빙하가 녹는 것을 줄일 수 있습니다.

해빙이 줄어드는 것을 막아 얼음에 의존해 살아가는 동물들을 보호할 수 있습니다.

남극의 빙상이 녹는 것을 막아 해수면 상승을 줄일 수 있습니다.

# 낱말 풀이

| | |
|---|---|
| 갑각류 | 게나 새우, 가재처럼 단단한 외골격이 있는 동물. |
| 개체 | 독립적으로 살아갈 수 있는 하나의 생물체. |
| 군도 | 여러 개의 섬으로 이루어진 지역. |
| 극지방 | 남극과 북극을 중심으로 한 그 주변 지역. |
| 기후 변화 | 전 세계에서 오랜 기간에 걸쳐서 나타나는 기온과 기상의 변화. |
| 남극순환류 | 남극 대륙을 시계 방향으로 도는 해류. 지구상에서 가장 큰 해류로 유일하게 지구 한 바퀴를 돈다. |
| 남극저층수 | 남극 대륙 주변에서 형성된 차갑고 염분이 높은 물로, 밀도가 높아 수심 4000미터 이하로 가라앉는다. |
| 내빙선 | 수면의 얼음이나 빙산에 부딪쳐도 견뎌 낼 수 있는 단단한 배. |
| 담수 | 강이나 호수의 물과 같이 소금기가 없는 물. |
| 대륙 | 넓고 단단한 육지. 지구에는 아시아, 아프리카, 북아메리카, 남아메리카, 유럽, 오세아니아, 남극의 7개 대륙이 있다. |
| 먹이 그물 | 생태계에서 여러 생물이 먹고 먹히는 먹이 사슬이 그물처럼 가로세로로 얽혀 있는 관계. |
| 멸종 | 생물의 한 종류가 아예 없어지는 것. |
| 박테리아 | 모든 자연환경에서 볼 수 있는 아주 작은 단세포 생물. |
| 반도 | 우리나라처럼 세 면이 바다로 둘러싸이고 한 면은 육지와 이어진 땅. |
| 부동액 | 액체가 어는 것을 방지하는 물질. |
| 빙붕 | 대륙과 이어져 바다에 떠 있는 넓고 평평한 얼음덩어리. |
| 빙산 | 빙하에서 떨어져 나와 흘러 다니는 얼음덩어리. |
| 빙상 | 대륙의 넓은 지역을 덮은 얼음덩어리. |
| 빙하 | 눈이 쌓여서 만들어진 두꺼운 얼음층. |
| 샘플 | 전체나 집단의 특성이나 상태를 보여 주는 일부 또는 한 부분. |
| 생태계 | 생물이 살아가는 세계. 한 장소에 사는 모든 생물체와 그 주위 환경을 포함한다. |
| 서식지 | 생물 등이 일정한 곳에 자리를 잡고 사는 곳. |
| 센서 | 소리, 빛, 온도 등 여러 가지 성질이나 상태를 감지할 수 있는 기계 장치. |
| 어는점 | 물이 얼기 시작할 때의 온도. 섭씨 0도를 말한다. |
| 염도 | 물에 들어 있는 소금의 정도. |
| 염분 | 바닷물 같은 것에 들어 있는 소금기. |

| | | | |
|---|---|---|---|
| **오로라** | 태양에서 방출된 전기를 띤 입자들이 지구의 자기장에 부딪쳐 빛을 내는 현상. 주로 극지방에서 관찰할 수 있다. | **초음파** | 사람의 귀로는 들을 수 없는 공기의 진동. |
| **온실가스** | 태양열을 지구 표면 근처에 가두는 지구 대기 중의 기체. | **최상위 포식자** | 먹이 사슬의 맨 꼭대기에 있는 동물. |
| **외래종** | 다른 지역에서 들어온 씨나 종. | **큐티클** | 생물의 피부 바깥쪽에서 생물의 몸을 보호하는 딱딱한 층. |
| **입자** | 물질을 구성하는 아주 작은 크기의 알갱이. | **포경** | 고래를 잡는 일. |
| **자기권** | 거대한 자석과도 같은 지구가 만들어 내는 지구 대기의 가장 높은 부분으로, 전기를 띤 입자들로 이루어져 있다. | **플랑크톤** | 물속에서 물결에 따라 떠다니는 작은 생물을 통틀어 이르는 말. |
| **자기장** | 쇠붙이를 끌어당기거나 남북을 가리키는 등 자석의 성질이나 작용이 미치는 공간. | **학명** | 학문적으로 편리하게 쓰기 위해 미생물을 포함한 모든 생물에 붙이는 이름. |
| **적도** | 지구의 북반구와 남반구를 나누는 기준이 되는 가상의 선. | **해류** | 일정한 방향으로 움직이는 바닷물의 흐름. |
| **조류** | 물속에 사는 뿌리, 줄기, 잎이 발달하지 않은 하등 식물 무리. | **해빙** | 바닷물이 얼어서 생긴 얼음. |
| **종** | 같은 특성을 가진 특정한 동물과 식물을 비롯한 생명체 집단. | **해저** | 바다의 밑바닥. |
| **지자기 폭풍** | 태양에서 일어난 폭발이 지구의 자기장에 영향을 주는 현상. | **화석 연료** | 석탄이나 석유와 같이 지질 시대의 생물이 화석으로 굳어져 오늘날에 연료로 이용되는 물질. |
| **진화** | 지구상의 생물들이 살아가면서 환경에 적응하고 발전해 가는 과정. | | |

### 글쓴이 **헬렌 스케일스**

영국의 작가, 해양 생물학자, 방송인, 스쿠버 다이버입니다. 영국 뉴캐슬대학교에서 열대 연안 관리 석사 학위, 케임브리지대학교에서 박사 학위를 받았습니다. 지은 책으로는 『술라 탐험대와 떠나는 야생의 섬 갈라파고스』『그레이트 배리어 리프』『눈부신 심연』『조개 이야기』 등이 있습니다.

### 글쓴이 **케이트 헨드리**

과학자로 북극과 남극에 2년 가까이 거주하며 기후 변화가 해수와 해양 조류에 미치는 영향을 연구하고 있습니다.

*헬렌과 케이트는 함께 바다를 탐험하며 자란 자매입니다.

### 그린이 **호물루 지폴리투**

브라질에 사는 예술가이자 화가입니다. 2019년에는 상하이 황금 바람개비 젊은 삽화가 공모전에서 특별상을 받았고, 2018년에는 멕시코 이베로아메리카 공식 카탈로그에 작품이 수록되었습니다. 그린 책으로는 『술라 탐험대와 떠나는 야생의 섬 갈라파고스』『아마존강』 등이 있습니다.

### 옮긴이 **이정모**

연세대학교 생화학과를 졸업했고, 같은 학교 대학원에서 석사 학위를 받았습니다. 서대문자연사박물관 관장, 서울시립과학관 관장, 국립과천과학관 관장으로 재직했으며 2019년 과학의 대중화에 기여한 공로로 과학기술훈장 진보장을 받았습니다. 『과학자와 떠나는 마다가스카르 여행』『과학이 가르쳐준 것들』『저도 과학은 어렵습니다만』『꽃을 좋아하는 공룡이 있었을까?』(공저) 등 여러 권의 과학 책을 썼으며, 『술라 탐험대와 떠나는 야생의 섬 갈라파고스』『우리가 몰랐던 어둠 속에서 빛나는 생물들』『매드 사이언스 북』『대왕고래 : 세상에서 가장 큰 동물에 관한 놀라운 이야기』 등을 우리말로 옮겼습니다.